AF431775

Eloquence

Maria Teresa Lezzi Fiorentino

BATTITI d'INCHIOSTRO

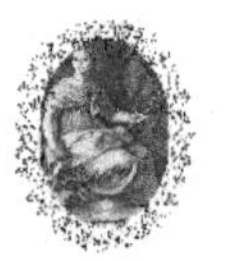

Collana "Heloquence"
Direzione editoriale a cura di Grazia Velvet Capone
Editing: Irene Salidu
Foto originali: Maria Teresa Lezzi Fiorentino
Progetto e Grafica: Grazia Velvet Capone

ISBN: 979 12 81625 43 3

*Codice QR per ascoltare
"Cummari Furmiculicchia"
dalla voce dell'autrice.*

*Codice QR per ascoltare
"Cummari Furmiculicchia".
dalla voce dell'autrice
in vernacolo.*

Da sempre amo vagar tra le parole
Alla ricerca di vecchie e nuove storie
E colorare con la mia fantasia
Qualche storia incontrata per la via.
Schegge di vita tra battiti d'inchiostro
Son tutte quelle che ora qui vi mostro.

"Se vi è qualcosa di speciale nella mente
umana, è la capacità di costruire racconti
e di condividerli con gli altri."

Giulio Maira

"Ognuno di noi ha una storia del proprio
vissuto, un racconto interiore, la cui
continuità, il cui senso è la nostra vita.

Si potrebbe dire che ognuno di noi
costruisce e vive un "racconto", e che questo
racconto è noi stessi, la nostra identità."

Oliver Sacks

Prefazione

Sul palpitar del cuore il tempo scorre,
insegue un ritmo in forza della vita
incisa a chiari segni tra le pagine
di schietto inchiostro intriso nei ricordi.
Pensieri, sogni e volti si connettono
tra loro, in trame ordite ad arte e grande
maestria, devota a un tocco di poesia.

Il sipario si apre sulle note del sogno, un gran ballo tra le antiche trine di due sorelle in singolar tenzone nel contendersi un'improbabile anima gemella; si sa, è professato che la speranza sia sempre l'ultima a morire, ma sono certa che alcuno, tanto meno il giovane principe in questione, riesca a godere dell'armonia venutasi a creare sulla strategica parola fine.

Il gaudio dell'attimo si disperde nella commozione attraverso un'agrodolce filastrocca tradotta dal vernacolo salentino, dalla quale l'autrice trae ispirazione per riportare in auge un lontano ricordo di fanciulla.

Una bimba che quanto me, seppur vestita di tutto punto, non desidera guardare il mondo scorrere oltre i vetri della finestra, bensì prenderne parte integrante con gli amici, tra giochi, risate e corse a piedi o in bicicletta; voglia di sentirsi non solo ammirate bamboline, ma soprattutto prudenti e sagge formichine alla costante ricerca della loro slegata destinazione.

In vista del prossimo atto, ho un dejà vu, rivivo ogni singolo colpo di scena; dallo smarrimento iniziale, dovuto al lungo periodo vissuto tra le quattro mura di una casa galera, al terrore di ammalarmi, sino alla "claustrofobia da mascherina".

Fortuna vuole che la brama da riconquista, pur se riferita a un isolato granello della libertà smarrita, sia intrinseco nell'essere pensante; allora via, "in fuga verso la libreria!" per poi tornare sui propri passi più ricchi di prima.

È l'effetto libro che ci entusiasma, soprattutto se cartaceo; condivido con Mariateresa Lezzi Fiorentino, detta Terry, la seduzione del loro profumo e prendo atto che ha avuto più costanza di me, nel non interrompere alle prime battute l'istituto da lei stessa definito "la succursale dell'inferno", facendo sì che un'aspirazione ideale mutasse in reale, pronta a vivere nel suo universo, lasciando il segno "in quel vivaio di relazioni umane" chiamato scuola.

Nell'afferrare un *magico filo* respiro l'aria di un altro tempo, cambio la prospettiva per porre maggiore attenzione su straordinari ritratti con l'innocente sguardo di bambina; sono anch'io una nipote che, tanto quanto la protagonista, ama intensamente la propria nonna dalla quale ha imparato l'antica arte del lavoro a maglia e all'uncinetto, ritrovando sempre nel suo splendido sorriso la sincera cura ad ogni male.

Ho assistito a spaccati di vita, a fiabe e filastrocche che fanno riflettere su virtù o debolezze naturali, una splendida rappresentazione che ritengo essere un vero e proprio incontro generazionale, del quale ogni singolo dovrebbe, anzi deve beneficiare, dai nonni, alle mamme, dai padri ai bambini; tutto dipende dalla chiave di lettura con la quale ci si vuole approcciare.

In questo preciso istante sono quindi tentata di inserire il classico *"tag"* @**tutti**, e perché no!? Nel mondo virtuale si può!

Sara Brillante, *poetessa e scrittrice*

Caro diario,

oggi è la prima volta che ti riprendo con la voglia di raccontare. Basta con i silenzi, con la tristezza, con i dispetti, è tempo anche per me di cambiare.

Tu lo sai che c'è qualcuno ancor più abbattuto di me? Ti sorprende? Un po' di pazienza e scoprirai presto il motivo.

Il ballo? Certo che sì, c'entra anche il ballo, ma non solo.

Non pensavo di farcela, eppure…

Lui ora è di là a sospirare, ma la parola è parola e un principe non può certo rimangiarsela.

"La donna che calzerà questa scarpetta, sarà mia sposa."

L'ha detto lui, non io, perciò adesso di cosa si lamenta?

Scusami, vado a ruota libera come al solito e va a finire che so soltanto io di cosa parlo.

Ecco, provo a raccontarti tutto dall'inizio. Lo so che non stai nella pelle, o meglio, nella carta. Ti avevo già parlato del ballo a corte a cui eravamo state tutte invitate, vero?

Sai anche che Genoveffa non vedeva l'ora di partecipare e delle pretese assurde di scegliersi il vestito più bello. La donna più entusiasta in assoluto però, come puoi ben capire, era proprio la mamma. D'altronde quando ci sarebbe stata un'altra possibilità come quella di trovare marito alle sue figlie?

Io, a essere proprio sincera, non avevo un gran voglia di partecipare, perché so che resto sempre in un angolo a guardare gli altri ballare, perciò sarei rimasta volentieri a casa da sola. Da sola si fa per dire, perché lì c'è sempre Cenerentola, quell'antipatica che non finisce mai di cantare e di parlare. Quanto mi infastidisce!

Capisco quanto mamma contasse su questo ballo per farci incontrare l'anima gemella, ma puoi dirmi quale persona potrebbe mai considerarci 'belle'? Lo siamo soltanto ai suoi occhi di madre e, detto tra noi, ci vede ben poco.

Alla fine però ci sono andata. Come al solito sono rimasta a guardare. Mi sono seduta in un angolino, comodamente, a godermi lo spettacolo.

Quant'era bello il principe! Non riuscivo a staccare lo sguardo da lui. Perché non sognare per una volta un futuro diverso!

Non sarebbe mai venuto a invitarmi, certo che lo so.

Infatti, appena è arrivata una bellissima ragazza, non ha avuto occhi che per lei, tanto che per tutta la sera hanno continuato a danzare. Calzava delle scarpette meravigliose, con un tacco vertiginoso. Come avrà fatto a sopportarle per tanto tempo!

Io non avrei di certo resistito.

Ma questo è stato un bene e ora vedrai perché.

A mezzanotte, quando lei è andata via, la festa è finita all'improvviso e il mio bel principe ha cercato di starle dietro.

Che dire, caro diario, a volte la vita gioca strani scherzi.

Lui ha voluto far provare a tutte le donne del paese la scarpetta che ha trovato sulle scale. Troppo stretta per tutte, perché son ritornate dal ballo con i piedi gonfi. È naturale, no? Dopo una serata in piedi a danzare con scarpe alte e strette, cosa si aspettavano?

Solo io, che sono stata a riposo per tutta la sera, ho potuto calzarla. Non saprei descriverti l'espressione di Genoveffa nel vedere la scarpetta ai miei piedi. Hai presente il drago sputafuoco? Bene, ti sei avvicinato. Ha strabuzzato gli occhi e iniziato a farfugliare, ma non avevo bisogno di ascoltare le sue parole, per capire.

L'avevo vista mentre cercava in ogni modo di rimpicciolire il suo piede per calzare la scarpetta. Ci aveva provato e riprovato, ma senza alcun successo. Se non mi ha incenerita con lo sguardo, lo ha fatto con il pensiero, ma prima o poi se ne farà una ragione e sono sicura che sarà felice per me. Dopotutto siamo sorelle.

Di chi sono questi lamenti? Non te l'ho già detto?

È il principe che nell'altra stanza si dispera. Poverino, cerca una soluzione alla sua sventura.

Cosa vuole ora da me?

Sarò la sua sposa, che s'arrangi.

La tua Anastasia

Alcune volte basta veramente poco per riavvolgere il nastro della memoria. Un volto, un nome, un foglio, un disegno, una foto… oppure una lettera, come quella che mi ritrovo tra le mani, nel riordinare la libreria.

Un foglio protocollo senza busta, ripiegato con cura, scivolato via da un libro di narrativa di scuola media. Perché sia qui e non tra le altre che custodisco gelosamente in una scatola di cartone colorato, proprio non lo so. Sarà sfuggita?

Apro per dare uno sguardo e non ho neppure bisogno di leggere la firma, perché so già a chi appartiene. Riconosco la grafia. Il tempo che passa non cancella segni né sogni.

È Giulia, con il suo raccontarsi e chiedere consigli, con il suo comunicarmi tutti i dubbi che la assillavano.

Era stata tra i primi a gioire per l'idea dello scambio epistolare docente-allievi, che, nato per riflettere sulla vita di classe e dare un impulso creativo alla scrittura, presto si era trasformato in un singolare sportello d'ascolto.

Lei mi aveva presto sommersa di biglietti, messaggi, lettere lunghissime, che puntualmente ritrovavo tra i libri, nella mia agenda o nella borsa da lavoro. Era il suo modo per dire "ho fiducia in lei, mi aiuti a…", confermando la validità di un percorso che avrebbe portato a un recupero o consolidamento delle competenze linguistiche, costruito sulle solide basi dello star bene insieme. Certo, gestire i tempi e le modalità di risposta non è stato sempre facile, perché il numero degli allievi nelle classi portava a moltiplicare l'impegno, ma oggi ripensando a quell'idea posso soltanto dire che è stata una scelta saggia, che ci ha regalato una relazione educativa e umana intensa, ricca e indimenticabile.

Pensieri e ricordi mi fanno compagnia mentre continuo le operazioni di riordino, ma le sorprese, oggi, pare proprio che non siano finite. Cos'è infatti quella sorta di segnalibro che sbuca da "Per questo mi chiamo Giovanni" di Garlando, il libro che ho appena posato sulla scrivania? Sarà soltanto un pezzo di carta per indicare un passaggio importante su cui soffermarmi con i miei alunni. Quanti ricordi! Ripenso alle emozioni provate nel leggerlo insieme ai ragazzi e alle innumerevoli attività organizzate per le giornate della legalità. Che dibattiti appassionati sulla figura di Falcone e quante parole ben spese per far camminare le idee del nostro eroe sulle gambe dei futuri cittadini!

Il rettangolo di carta che mi ritrovo tra le mani è un foglietto strappato da un libro. Riporta in alto il titolo "L'importante è seminare" il nome dell'autore, Ottaviano Menato. Leggo emozionata i versi racchiusi da una cornice floreale e confesso che mi piace pensare che sia stato un dono per me, anche se la memoria va invano alla ricerca del volto e del nome di chi ha avuto questo gentile pensiero.

Sono felice. Sento che quel "Semina il tuo entusiasmo, il tuo amore…" mi appartiene, lo vedo come principio ispiratore di tutta la mia vita. È infatti quello che ha permeato il mio lungo cammino professionale, dal 1974 al 2016, senza tentennamenti di sorta, nella convinzione che insegnare vuol dire amare e che si impara sempre, dal successo e dall'errore, se si fa tesoro anche di ogni piccolo inciampo che può rivelarsi un'ulteriore occasione di crescita.

I ricordi sono veramente tanti, pagine di un libro che la memoria apre a caso, scegliendo di volta in volta i momenti da farmi rivivere per continuare il viaggio nel mio mondo lavorativo. Come posso dimenticare il giorno in cui mi sono riaffacciata nella mia vecchia scuola, già salutata per sempre da alcuni mesi, perché avevo una gran nostalgia dei "miei" ragazzi, che continuavano il loro percorso di studio senza di me?

Tornavo a scuola, tornavo a CASA!

Appena entrata nell'edificio, ero una spugna di emozioni. Mi sentivo come un faro d'affetto. I miei occhi brillavano, era la mia luce che si posava su quanti incontravo?

Che dire poi una volta raggiunta l'aula?

I "piccoli", già più alti di me, si sbracciavano e sgomitavano per salutarmi, affettuosi come sempre. Che gioia rivederli, stare un po' insieme, raccontarci le novità e sentirli ripetere qualche nuovo apprendimento di letteratura italiana.

Potevo restare poco e lungi da me sottrarre tempo alla didattica, perciò per gentile concessione della collega, seguii l'esposizione orale dei volenterosi.

Ma perché ero così emozionata? Ero sempre io, insieme ai ragazzi, anche se a dirla tutta, in veste di ospite mi sentivo un'intrusa. Goldoni, Marino, Parini, la Rivoluzione scientifica, Galilei, l'Illuminismo si rincorrevano con voci diverse, e io ascoltavo con affettuosa attenzione il relatore di turno, mentre andava alla ricerca affannosa di quelle informazioni mandate giù più o meno a memoria, per soddisfare la richiesta degli adulti.

Erano sereni, gioiosi di interagire con me, anche se non avevo alcun registro per annotare la loro performance.

Sarà stato per darmi una soddisfazione tardiva, per gratificare le mie passate attese, per dirmi che in quel pianto dell'ultimo giorno di scuola insieme all'addio c'era una nuova promessa?

Ripensando all'insegnamento mi capita di domandarmi quanti condividano l'importanza dell'empatia.

Il coinvolgimento emotivo, il mettermi nei panni dell'altro, per me è sempre stato naturale, non sono mai riuscita a indossare l'abito del docente che spiega, interroga e ama risentire le quattro frasi più o meno esatte, più o meno ricche lessicalmente e corrette. Ho sempre avuto l'impressione di essere piccola insieme ai piccoli e di ripetere i passi dell'apprendimento facendo vedere loro la strada da seguire, i timori da superare, ogni ostacolo che potesse bloccare lo studio, la memorizzazione, spianando loro la via affinché il tutto superasse la noia e la fobia di un sapere astratto.

Entusiasmo e passione sono di sicuro due elementi fondamentali per vivere bene il proprio lavoro, ma stare al passo coi tempi è d'obbligo, per non incorrere in delusioni che ti risvegliano all'improvviso con lo stesso effetto di una doccia gelida.

È proprio ciò che è accaduto molti anni fa, non saprei dire se legato alla mia ingenuità o alla fiducia illimitata nei miei alunni. Lo ricordo nei minimi particolari.

Prima delle vacanze natalizie avevo proposto ai miei allievi la prova di verifica di produzione di italiano, proprio per poter avere più tempo a disposizione per la correzione durante la pausa festiva.

Fu un giorno come tanti: tracce accuratamente preparate, affinché tutti potessero esprimersi con grande libertà, svolgimento sereno. Alla fine della giornata ritirai tutti i lavori e mentre stavo per andar via mi chiesero quando li avrei riportati. «Al rientro dalle vacanze. Non potrei far diversamente.

Domani sono nell'altra classe e comunque non ce la farei» risposi.

«Non abbia fretta, prof.» aggiunse il solito allievo che mal sopportava la mia celerità nelle correzioni e che, appena arrivavo con il pacco delle verifiche, brontolava: «Già?»

Conosceva bene, infatti, gli effetti della mia curiosità nel vedere al più presto gli esiti delle prove, ma in un solo giorno ventisei produzioni scritte erano veramente tante. Poteva stare tranquillo.

È vero però che già dal giorno successivo, nel primo pomeriggio dell'ultimo giorno di scuola, ho iniziato a dare uno sguardo d'insieme ai loro lavori, per vedere se avevano risposto adeguatamente alle tracce.

Potevo essere soddisfatta, a quanto sembrava avevano lavorato proprio bene, le produzioni erano ricche, piacevoli, superiori alle aspettative.

Che bel regalo natalizio! Una, in particolare, mi colpiva. Leggevo senza credere ai miei occhi.

«Ma che meraviglia» esclamavo di tanto in tanto, «che progressi e in così poco tempo!»

Com'ero orgogliosa di quel risultato, di cui in parte volevo rivendicare i meriti! La mia espressione di palese beatitudine destò curiosità in famiglia.

«Mamma, basta guardarti per capire quanto sei felice di essere finalmente in vacanza. Non è mai successo prima» disse mio figlio osservandomi.

«No, non è per le vacanze, sono contentissima dei miglioramenti dei miei alunni. Guarda qui, in poco tempo mi ritrovo un lavoro così ben fatto. Da non crederci!»

«Tutta farina del suo sacco?»

«Certo che sì, una prova in classe. Sono sempre presente

e poi che motivo ci sarebbe di copiare, con una traccia simile?»

Ma cosa andava a pensare!

Lo vidi digitare qualcosa, mentre leggeva un capoverso del testo e, subito dopo: «Ecco qui la fonte, mamma».

Non credevo ai miei occhi. L'amarezza di quel momento l'avrei portata con me a lungo. Per fortuna il periodo di pausa mi avrebbe consentito di prendere la giusta distanza emotiva. Al momento della consegna sul foglio non si sarebbero viste le mie lacrime di rabbia e delusione, ma solo una fredda osservazione: "Mi astengo dal valutare un lavoro che non ti appartiene interamente. Vedi per i punti segnati, www. ..."

Ero stata troppo ingenua? Si era trattato di un eccesso di fiducia? Entrambe. La mia scarsa dimestichezza con la tecnologia, a quel tempo, non mi aveva fatto pensare a un possibile scippo culturale, a quell'appropriazione indebita dei pensieri e delle produzioni degli altri che mi ha sempre fatta inorridire. Eppure ero stata molto precisa durante le lezioni, nel chiarire la necessità di citare le fonti utilizzate, e allora, perché mentire in quel modo? Silvia mi rispose candidamente che aveva scelto dei passi che le piacevano molto.

Ma io non mi ero accorta che eravamo prossimi all'era del copia-incolla? Come non capirla? Se avessi avuto la sua età, avrei ceduto anch'io alle lusinghe della modernità o avrei difeso strenuamente l'originalità?

Tenere il passo è proprio difficile!

Credo che percorrere il tempo insieme alle generazioni "sempre nuove" sia possibile soltanto con una buona disponibilità al cambiamento e alla ricerca continua di soluzioni.

Non si può non essere d'accordo sulla formazione continua.

Se riavvolgo il nastro della memoria per riportarlo all'inizio del mio cammino professionale, faccio un salto nel tempo e mi fermo al 4 settembre 1974. Avrei presto festeggiato il mio diciannovesimo compleanno, ero iscritta a Pedagogia e mi ritrovavo, stupita, con una nomina del Provveditore agli Studi nella scuola materna statale. Avevo già un lavoro!

Non era il mio sogno realizzato, ma un accidente di percorso, una risposta alla domanda di assunzione presentata per puro spirito di emulazione di un'amica, su cui non avrei mai scommesso.

Non ero contenta? Non lo so. Di sicuro, più incerta che mai. Come avrei fatto a studiare lavorando? Sei ore al giorno in un vicino paese, tutti i giorni, tra i piccoli che avrebbero assorbito ogni mio pensiero e ogni mia energia. L'idea di rinunciare però non mi sfiorava neppure, ero arrivata al traguardo dell'indipendenza economica senza cercarlo e me lo sarei tenuto ben stretto.

Sapevo con certezza però che lo studio mi avrebbe accompagnata per il resto della mia vita, perché era quello il mio sogno più grande e lo avrei coltivato a costo di impiegare ogni scampolo di tempo libero.

Ero una maestra pronta a iniziare l'appassionante viaggio nell'universo scuola, a vivere in quel "vivaio di relazioni umane" seminando sorrisi, energie, entusiasmo. Avrei cullato i miei sogni insieme a quelli dei più piccoli, e lasciato segni. Ci sarebbero state tante lezioni da impartire e da assimilare e a questo ci avrebbe pensato la vita.

Alice

«Pronto? Nonna, finalmente! Provo da tanto a chiamarti».

«Tranquilla, Alice, chiacchieravo con un'amica».

«Volevo dirti che arrivo fra poco, ho fatto tardi a lezione. Mi raccomando, non far nulla, aspettami!»

Eccolo qui il mio dolce uragano, con la sua bella voce che mi rallegra l'animo. Non mi dà neppure il tempo di dire altro. Sempre tanto premurosa e attenta, la mia Alice, sembra proprio una ragazza spuntata da un libro di fiabe, uno di quei pop up tra classico e moderno, che ti rendono coprotagonista della narrazione.

Certo che l'aspetto, cosa potrei fare altrimenti!

Sono sola in casa, immobile come uno stoccafisso. E chi si muove!

Quest'altra caduta proprio non ci voleva.

Le ore sono interminabili. Chi dice che ogni ora è di sessanta minuti non ha provato a contare il tempo in solitudine, altrimenti avrebbe scoperto che ogni singolo minuto viene elevato all'ennesima potenza.

Dopo essermi deliziata con i miei brani musicali preferiti, provo ad ascoltare un po' la tv, con uno zapping infelice che mi fa oscillare tra notizie sempre più allarmanti. Non c'è di che rallegrarsi, ma so che se proverò a spegnere mi sentirò ancora più sola. Con due figli e tre nipoti non dovrei mai esserlo, ma si sa, c'è il lavoro, ciascuno ha già tanti impegni e ci manca solo una mamma o una suocera, che vada ad aggiungersi alle fatiche quotidiane. Già le vedo le mie care nuore bisticciare, in una gara senza vincitori, per primeggiare nel farmi compagnia!

Domenica però erano tutti qui da me riuniti, pronti a svelarmi il misterioso dono scelto per me. Alessio ne aveva appena fatto cenno il giorno prima, senza rivelare alcunché.

Marzia e Paola conoscono bene i miei gusti, meglio dei miei figli, mi son detta, sarà senz'altro qualcosa di carino.

E invece …

Non avevano pensato a una scatola di cioccolatini, pur conoscendo la mia golosità, o al mio profumo preferito, o ancora meglio, a qualche nuovo libro, o a organizzare per tempo un viaggetto per il momento in cui avrei potuto riprendere le mie belle abitudini. No, assolutamente niente di tutto ciò.

L'idea condivisa, già, perché oggi si parla sempre di condivisione quando fa comodo, era quella di affiancarmi una donna, tanto per avere un po' di compagnia e di aiuto in casa.

«Una badante! E per far cosa? Per qualche acciacco dovuto a una caduta da niente non mi occorre. Sono solo indolenzita. State tranquilli». Speravo che il mio tono li facesse desistere. Di sicuro li aveva messi in allarme, come potevo vedere dalla loro espressione e dagli sguardi che si scambiavano.

Forse ho esagerato ancora una volta, ma che ci posso fare, non riesco proprio ad accettare persone estranee in casa. Già il fatto che le chiavi di questo appartamento sono a portata di tutti, mi convince poco, ho sempre paura che le smarriscano e di ritrovarmi all'improvviso qualche sconosciuto che mi s'intrufola in casa. Alessio mi si è avvicinato ridendo:

«Va bene, mamma, ma se cambi idea, ti prometto che sceglieremo con cura la persona. Non vogliamo certo sorprese come l'altra volta». Gli ho fatto un mezzo sorriso per fargli capire che ricordo bene l'accaduto. Non sono ancora rincitrullita, e poi, come dimenticare una simile esperienza?

Anche allora, a causa di un piccolo intervento chirurgico, avevo bisogno di qualcuno che si fermasse da me e i miei figli, tanto premurosi, mi avevano affidata alle cure di una giovane straniera.

Niente di strano, si fa così, è la soluzione migliore, visto che avevano già programmato una vacanza in Europa e la sorpresa ero stata io a farla, con quell'accidente di malore che mi aveva fatto finire in ospedale. Allora non avevo potuto dire di no all'aiuto che mi avevano proposto.

In fondo si trattava di quindici giorni, ce l'avrei fatta.

Al quinto giorno, però …

«Mariola, Mariola!!!»

Appena sveglia dal riposino pomeridiano, avevo chiamato la ragazza, ma… nessuna risposta. Che si fosse addormentata? Continuavo a chiamarla, ma nulla. Dov'era andata a finire? Provai allora col cellulare, temendo che si fosse allontanata. Lo sentivo squillare in casa, ma niente…

Mi alzai a fatica e raggiunsi pian pianino la stanza da pranzo, da dove potevo vedere la porta d'ingresso spalancata. Mi trascinai fin là. La ragazza era distesa sul pavimento del pianerottolo. Era svenuta? Non potevo fare altro che gridare per richiamare l'attenzione di qualche vicino. Per fortuna i miei dirimpettai si affacciarono subito per prestare aiuto.

«No, non è svenuta, signora Monica. Non lo sente anche lei l'odore? Chissà quanto avrà bevuto! Ci pensiamo noi a riportarla in casa, non si preoccupi». La donna farfugliava parole senza senso e io ero sinceramente preoccupata per lei, perciò risposi: «Meglio chiamare il 118. Sapranno cosa fare». Da assistita ad assistente, in men che non si dica, quella volta era andata così. A pensarci, veniva da ridere per la situazione paradossale, ma allora le reazioni erano state ben diverse.

«Va bene, mamma, sarà anche vero, ma non puoi far tutto da sola, soprattutto ora che la vista ti è di scarso aiuto» è intervenuto Riccardo, per dare man forte al fratello.

Neppure questa sottolineatura mi aiuta, benedetto figlio, vorrei dirgli. Con i miei problemi di vista ci convivo da tempo. In casa so orientarmi, delle mie piccole cose mi occupo "quasi" con disinvoltura e poi Alice è spesso con me e non sento la mancanza d'altro.

Questo però non posso dirlo ad alta voce, perché Riccardo mi sembra un po' geloso della nipote tutto fare. I suoi gemelli, Simone e Marco, non li vedo quasi mai, perché studiano a Milano. Come potrebbero essere sempre presenti come la cugina? Che non gli venga in mente però che io possa fare preferenze. È proprio fuori strada.
Nessuna distinzione tra i miei figli, Riccardo e Alessio, né tra i nipoti. Il mio è un amore senza riserve e che nessuno lo metta in dubbio. È però palese che ogni relazione è diversa dall'altra, si viene a costruire in modi che non riusciamo a comprendere né a controllare del tutto. È come se ogni cosa andasse a incastro, un mosaico perfetto, ogni tessera al suo posto.

Quando Alice era piccola i suoi la lasciavano spesso con me e ci divertivamo un mondo a impastare, preparare dolci, biscotti, focacce. Anche se ero tanto affaticata dopo una lunga giornata di lavoro, consideravo quei momenti come un dono speciale, una dolcissima pausa nella routine quotidiana.

Le avevo cucito un grembiulino che indossava ogni qualvolta ci trovavamo insieme a pasticciare, pronte a sfornare *"le delizie di Alice"*, come ci piaceva chiamarle.

«Mi sembra di sentirne il profumo» mi canzona mia sorella Marilena appena inizio a raccontare, «che facciamo, diamo il via alla gara del ricordo?»

So bene però quanto anche lei ami narrare tante scene di vita con il suo nipotino e allora gli occhi le brillano e una malinconica gioia ci unisce, mentre riavvolgiamo il nastro del tempo per scegliere i ricordi di noi: figlie, nipoti, madri, nonne. Ci alterniamo nell'acciuffarli, perdendoci nel confronto, tra analogie e differenze. Non saprei dire il perché di questo ritorno al passato, attraverso una lunga catena di associazioni di pensieri, di persone, di emozioni. Mi piace pensare a un lavoro di scavo alla ricerca delle radici dei nostri affetti, di tutti i momenti magici della nostra vita!

Con la piccola Alice, l'incanto, che amo ricordare, avveniva con le parole. Giocavamo con i suoni, M - O - N - I - C - A, io le dicevo e lei MONICA, tutto d'un fiato, ripeteva, "la nonna". Tutto un rincorrere lettere e suoni per indovinare le parole, un gioco che presto le era tornato utile per imparare a leggere.

Le piaceva ascoltare le fiabe raccontate da me, mi si rannicchiava accanto sul divano e con lo sguardo sognante seguiva ogni storia.

«Nonna, nonna, un'altra, ti prego! Fra poco viene papà a prendermi». Alice è come un capitale restituito con gli interessi. Chi avrebbe mai pensato che un giorno sarebbe stata lei a leggere per me i libri che adoro, ma non vedo più come una volta? È lei la mia grande consolazione!

Ama leggere e lo fa così volentieri e con tale maestria, che posso guardare con i suoi occhi.

Lei è i miei occhi e con lei posso continuare a vivere la mia passione. Chissà se anche oggi mi porterà un nuovo libro? La settimana scorsa ha scelto per me l'ultimo di Connelly e oggi potrebbe leggermi le ultime pagine, poi potremo dedicarci al prossimo.

Ormai dovrebbe arrivare da un momento all'altro. Ha già chiamato da un po'. Già la immagino al suo ingresso, con il gioioso saluto a distanza, il tonfo dei libri sulla poltrona, il bacio di rito e tutte le azioni che compie in rapida successione, fino al momento del pranzo e della chiacchierata che attendo con impazienza.

Ancora però, non arriva. Si sarà attardata con qualche amica in università?

Mi sembra di sentire… Forse è arrivata.

È soltanto una notifica di WhatsApp. È un vocale di Alice, che mi avvisa di un ulteriore ritardo! È la sua auto a dar problemi, non ne vuol sapere di mettersi in moto. Non le resta che chiamare suo padre in aiuto, ma ci vorrà tempo per risolvere e poter venire da me. Non ho nemmeno il tempo di rispondere, che suonano alla porta. «Sono l'idraulico, signora! Mi manda l'amministratore».

Per fare cosa? L'avrei certo saputo. I miei figli mi raccomandano sempre di stare in guardia, ma non c'è assolutamente bisogno, non sono una sprovveduta. Ne ho sentite veramente tante su truffe e inganni. Ma se il presunto idraulico prova ad entrare, convinto che in casa non ci sia nessuno?

*

Monica rileggeva le sue pagine di diario che s'interrompevano bruscamente. Che giornata indimenticabile!

Il "seguito" era finito su tutti i giornali.

"Sgominata una banda di topi d'appartamento. Tempestivo l'intervento della polizia."

Verissimo, ma quella tempestiva era stata lei. Aveva chiamato subito il 113, per riferire della scampanellata e dei rumori che erano seguiti e per fortuna gli agenti non avevano sottovalutato la sua segnalazione.

Alice e Alessio al loro arrivo avevano trovato un bel trambusto, di cui avrebbero parlato a lungo.

«Nonna, che fai? Per non restare sola inviti le forze dell'ordine? Ora ci sono io con te. Ti ho portato un altro thriller, ma per oggi lasciamo perdere. Troppe emozioni in gioco».

Lo specchio

In quella stanza dove la modernità era di casa, con mobili di ultima generazione, dove il bianco e i colori pastello dominavano sovrani, una parete ospitava una bellissima specchiera napoletana del primo '900, in legno verde e foglia oro, un autentico pezzo d'antiquariato di valore, ereditato dalla zia Nina, l'amata zia paterna.

Non era intonatissima a quell'ambiente, ma nemmeno un pugno nell'occhio. Tea però, a differenza di ogni altro specchio, la tollerava appena e soltanto per il suo valore affettivo. Fosse stato per lei, avrebbe eliminato anche le vetrine dei negozi e qualunque altra superficie che in qualche modo potesse riflettere la sua immagine, in casa e per strada, così come avrebbe abolito ogni foto in cui appariva fin da piccola.

Perché mai non era toccato a lei qualche altro oggetto di valore, un gioiello, un bel gruzzoletto con cui acquistare ciò che le piaceva di più? Se lo chiedeva ogni qualvolta ci pensava. Quando erano andati a consegnarlo, la sua insofferenza era palese.

«Signorina, lo lasciamo qui o ha già deciso dove preferisce collocarlo?»

«Grazie, venite di qua, su questa parete starà benissimo. No, non c'è bisogno di scoprirlo. Lasciatelo pure quel telo, dopo ci penserò io».

Nessuna meraviglia per quelle richieste, ogni proprietario decideva liberamente la disposizione degli arredi e una copertura per quella specchiera antica era una valida protezione.

Da allora di tempo ne era passato e le scelte di vita di Tea avevano segnato il cambiamento.

Era finalmente arrivato il giorno speciale, quello in cui fare amicizia con lo specchio e perché no, suggellarla con una foto, se ne fosse valsa la pena.

L'appuntamento con gli amici era stato fissato da tempo. Li avrebbe raggiunti al bar del corso, dove erano soliti riunirsi.

Scelse con cura l'abbigliamento per l'occasione. Il nuovo jeans aderente avrebbe messo in risalto il suo nuovo fisico da top model. L'avrebbero riconosciuta dopo tutto quel tempo? Sarebbe scappata la battuta: *"Da quanti chili non ci vediamo?"*

La camicia verde smeraldo ben s'intonava con il colore dei suoi occhi, unica bellezza che nessuno aveva mai potuto negare.

Le scarpe? Niente ballerine, il tacco avrebbe esaltato il tutto. Era pronta per l'ultimo sguardo d'insieme che il grande specchio le avrebbe consentito.

Una foto avrebbe potuto immortalare quel momento…

Tirò via il telo coprente con il cuore in gola.

Era una sconosciuta, quella che si rifletteva, una nuova sé, fuori e dentro. Si avvicinò sempre di più per guardare da vicino quel nasino che finalmente dava al suo viso un tocco nuovo, la visione di sé che avrebbe amato per sempre e che sarebbe rimasta solo nella sua memoria…

L'immagine svanì all'improvviso, tra i mille frammenti dello specchio che scivolando andò in frantumi.

Dal diario di una "formichina"

Esistono formiche felici?

Una domanda insolita, certamente, perché alla felicità delle formiche non credo abbiano pensato in tanti, semmai alla propria e senza minimamente rivolgere il pensiero a questi esserini che s'intrufolano furtivamente dappertutto, alla ricerca di provviste. Ci ritroviamo a guardarle sfilare in processione con frammenti di briciole e semi, o in ordine sparso, alla ricerca di una diversa destinazione e restiamo ammirati dalla loro efficienza.

Laboriose, prudenti, sagge, son quelle di filastrocche e favole di cui abbiamo memoria, da Esopo in poi con "La cicala e la formica" o "il grillo e la formica" di una canzoncina d'altri tempi e, tra Rodari e altri autori, è sempre la piccola a prendersi la sua bella rivincita.

In tanti ricorderanno "La cummare furmiculicchia", quella fiaba in vernacolo salentino che veniva raccontata ai piccini per farli divertire.

Per chi non la conosce, narra di una formichina che, spazzando per casa, trova dei soldini, con cui decide poi di comprare dei nastrini per apparire più bella. Appena pronta, si affaccia alla finestra per attirare l'attenzione, palesemente alla ricerca di un fidanzato da sposare. A ogni animale che si presenta lei chiede che verso emette di notte, unica garanzia per acconsentire alle nozze, e soltanto uno tra tanti alla fine soddisferà i requisiti richiesti.

Che sia divertente, soprattutto drammatizzata, non v'è dubbio, ma il mio sorriso è presto velato dal pensiero della piccola me affacciata alla finestra a guardare, proprio come la formichina, e i ricordi scorrono come in un film in bianco e nero strappalacrime che soltanto io posso vedere.

*

«Comare formichina, cosa fai alla finestra?»

Ce l'hanno con me, ne sono sicura. Non c'è nessun altro affacciato alla finestra, proprio come la formica della fiaba con il nastro tra i capelli.

Che stupidi! Mi hanno vista anche da lontano.

Non bastava mia madre sempre con i suoi "no, non ci devi andare", devo stare anche a sentirmi chiamare formica? Se non la smettono chiudo la finestra e trovo qualcos'altro da fare.

Se fossero un po' più vicini, la *formica* si vendicherebbe con un bel secchio d'acqua. Doccia assicurata per tutti!

«Mi voglio maritare».

«E vuoi me?»

«Tu fammi sentire la tua voce».

«Bau bau bau».

«No no, vattene. Mi rovini il sonno la notte».

Forse però non ce l'hanno con me, stanno solo giocando.

Vedo Gianni e Marcella. Ora anche Fernando, Rosanna, Anna. Ci sono tutti, come al solito.

Oggi niente bici, allora, né fune per saltare. Hanno organizzato una recita e si divertono così.

A scuola è stata Silvana a raccontarla alla maestra e noi ci siamo divertite un mondo a sentirla recitare in dialetto.

Ma perché mia madre non mi lascia andare a giocare con loro? Perché devo essere sempre diversa dagli altri?

Non voglio fare la bambolina, sempre in ordine, come se dovessi andare a una festa. Lo so che mamma tiene tanto a me, ma non è questo che voglio.

IO voglio scendere a giocare con gli altri, sporcarmi, gridare, ridere, correre, rincorrerci, pedalare, anzi questo no, non ne sono capace. Da piccola sul triciclo ci stavo, ma poi nessuno mi ha aiutato per farmi affrontare le due ruote.

So bene che con questo vestitino candido non sarei libera di muovermi e la mia pettinatura si scompiglierebbe, ma io sarei felice.

La comare formica era alla finestra per sua scelta, alla ricerca di un marito che non desse alcun fastidio con i suoi versi, ma io sono qui perché non mi è concesso altro.

Mi sento prigioniera! Se fossi stata una formichina, chissà da quanto tempo sarei fuggita via, a piccoli passi dal balcone al muro… verso la libertà.

Tutti i giorni così.

I miei amici in un primo tempo avevano pensato che non volessi stare con loro, per fortuna però a scuola ho potuto chiarire. Alla ricreazione ho incontrato in corridoio Marcella, che mi ha chiesto:

«Fiorella, perché stai sempre a guardarci dalla finestra e non scendi qualche volta a giocare con noi?»

Io non sapevo cosa dire, se trovare qualche scusa, ma poi ho pensato che fosse giusto sapessero che non era colpa mia.

«Mi piacerebbe tanto, ma mia madre non mi fa uscire. Non vuole che venga giù. Gliel'ho chiesto tante volte».

«Che peccato! Ci divertiamo un sacco. Le siamo antipatici?»

«No no. È fatta così. È tranquilla solo se io sono in casa o esco con lei. Gioco in compagnia qualche volta quando

quando vengono i cuginetti».

«Boh! Non capisco. Siamo un bel gruppo e quando vuoi, se riesci a convincerla, possiamo anche venire a casa a invitarti».

«Sarebbe peggio, lasciamo perdere».

Ci siamo salutate così, entrambe dispiaciute e senza una soluzione per poter giocare insieme.

«Comare formichina, cosa fai alla finestra?»

«Mi voglio maritare».

«E vuoi me?»

«Mi fai sentire la tua voce?»

«Miao, miao, miao!»

«No, no. Non mi fai dormire la notte».

…

Tra il cane che abbaia, il gatto che miagola, l'asino che raglia, l'agnello che bela, la rana che gracida e tanti altri versi, ascolto e penso, senza accorgermi che la recita è finita… La formica ha trovato il suo sposo ideale, che squittisce senza infastidirla. Ora che ridono tutti a crepapelle, a me invece vien da piangere.

«Fiorella, Fiorella!»

È proprio la voce di Marcella. Mi sporgo un po' e vedo che insieme a lei c'è tutto il gruppo. Cosa vorranno mai?

«Fiorella, abbiamo pensato che oggi potresti davvero fare la comare formica e giocare con noi, anche senza scendere, tanto lei deve stare alla finestra.

Tu resti lì e noi a turno facciamo gli animali che vengono a chiederti in sposa. Vuoi?»

Certo che mi fa piacere, non so come ringraziarli.

Almeno per oggi sarò una formica felice, tra i miei amici e poi chissà se questo non sarà un primo piccolo passo verso la libertà.

Dal diario dei ricordi

Pandemia? In fuga verso la libreria!

27 aprile 2020, una data da ricordare

Marcel mi invita ... sì, lo devo proprio fare.
Sono già davanti allo specchio a rimirarmi intrepida, ma subito mi fermo smarrita. Vedo dei nuovi segni!

Il briciolo di ottimismo che si affaccia a tenermi compagnia mi dice che sono soltanto "virgolette" nate da poco e che presto scompariranno.

Il crudo realismo però è in agguato. "Sono proprio dei piccoli solchi, piccoli ma ben visibili".

Come ho fatto a non vederli prima?

Provo a fare mille smorfie, a cambiare continuamente espressione. Sorriso, broncio, risata, fronte distesa-corrugata, una galleria di emoticon allo specchio…

I segni scompaiono, anzi no, si attenuano con il mimo sereno-felice. È fatta! Ma eccole riaccendersi, quando il mimo inquieto-preoccupato-irato accosta le sopracciglia: la fronte disegna i pensieri inquinati dal virus.

Mi affido al tocco magico di un massaggio per recuperare un look accettabile.

Poi lo sguardo vola più in alto. La ricrescita!

C'era, oh no, c'è ancora, visibile come una nuvola sospesa, circondata di chiaroscuro. È un bianco sfumato d'argento che chiede inutilmente vendetta, dopo l'inefficace *fai da te*, provato in assenza di parrucchieri.

In compenso il sole fa capolino nelle stanze, è una giornata luminosa, promettente, di quelle che invitano alle scampagnate.

Sarebbe splendido muoversi un po', forse un salto in centro, in libreria, visto che ci penso da tanto senza decidermi mai.

Dal quattordici aprile il governo ha concesso l'uscita per acquisto libri, perché la lettura è come il cibo per l'anima, necessario, se non indispensabile e tutti, me compresa, hanno pensato che sarei stata la prima a fuggir via dalle quattro mura che mi tengono stretta dai primi di marzo, proprio per la mia nota perenne passione di lettrice accanita, a tratti anche compulsiva.

Non vivo senza libri, non potrei e non voglio neppure provarci. Se devo scegliere tra cartaceo e digitale opto per la carta stampata, ma per avere sempre un'ampia e varia scorta a disposizione arricchisco le mie risorse con vari pdf.

In questa fase, infatti, ho approfittato di una serie di titoli gentilmente concessi da Mondadori.

Il quattordici aprile però non sono uscita di casa.

Ci ho pensato a lungo i giorni precedenti, mi sono preparata psicologicamente, ma avevo ancora qualcosa da leggere, potevo rimandare.

Mentire a se stessi si può. Le mie infatti erano soltanto bugie. Mi ritrovavo prigioniera della passività da quarantena dalle mille proroghe. Se non hai la necessità di uscire per fare la spesa, perché ci pensano gli altri, corri il rischio di non uscire più.

Ed è così che i giorni sono passati, tra letture, scritture, film, cucina, pulizie, lavori a maglia cyclette… tutto in regola, ma con una nostalgia per la natura lontana, per i colori della campagna e la quiete burrascosa del mare. Tutto lontano. Da guardare in foto, o in video, in *"remoto"* naturalmente, con quel lessico moderno, che mentre lo pronunci sai di sognare il futuro.

Così il quattordici e i giorni seguenti sono trascorsi senza nuovi libri, senza fughe in libreria.

Prove in casa con la mascherina. Soffoco! La claustrofobia si affaccia con prepotenza per impedirmi di fare proprio ciò che potrebbe essermi d'aiuto.

Il diciassette aprile la mail della Feltrinelli, un invito a nozze. "Abbiamo riaperto… seguendo le misure di sicurezza… bla bla bla."

Bene, ci penserò. Intanto trascorre una nuova settimana. Continuo con la vita da reclusa intimidita dalle mille *"tegole"*, regole pesanti che gravano sulla testa.

Leggo, scrivo, vedo, m'imbatto in citazioni, vite, saggi, novità editoriali, ristampe.

C'è tanto che vorrei approfondire: una figura mi incuriosisce più di altre, con la sua Recherche, "Alla ricerca del tempo perduto".

Mi sa che è arrivato il momento di uscire.

Marcel non può attendere.

E allora, determinata, telefono alla Mondadori per accertarmi della disponibilità dei libri.

«Sì, ci sono i primi tre» mi risponde il responsabile. E io, di rimando: «Ma c'è da fare la fila?»

Ride bonario al telefono assicurandomi che non ci sta nessuno. Via libera! È fatta, completo le operazioni per l'uscita, abbigliamento primaverile, ultima prova con la mia mascherina di tutto riguardo, (una FFP2, quasi una Ferrari di nuova generazione), rossetto sì, rossetto no, tanto non si vede, e invece sì, perché mi fa sentir meglio.

E... via! Scendo le scale, ascensore no, troppi tasti da toccare. Esco per strada.

Le gambe! I piedi! Si muovono ancora, un po' insicuri, ma ce la fanno. Avanzo il passo *"alla ricerca del tempo perduto"*.

Ho lasciato una primavera indecisa, confusa dai decreti DPCM, e mi ritrovo con un'estate non dichiarata, che mi fa riflettere sui cambi di stagione saltati e sul domani che ci attende.

Strade deserte, qualche passante mascherato, nessuno da salutare, anche perché, come riconoscerli? Non si vede nulla.

Qualche auto in movimento, negozi chiusi, una fila di clienti a debita distanza vicino ai supermercati, ma io cammino libera, mi sento diversa. Una bipede che si riappropria di una regolare deambulazione. Mi mancava!

No comment su regole e divieti.

Arrivo, libreria aperta, guantini e disinfettante a disposizione. Tutto bello e ordinato, vien voglia di farsi un giro, tanto non c'è nessuno. I miei libri sono già pronti. Il libraio, gentile e ben disposto al dialogo. C'è ancora qualcosa di strano in tutto ciò, mi sento diversa, ma cos'è?

Parlo con un estraneo! A distanza, ma senza videochiamata. Un'esperienza che fa pensare a un prossimo ritorno alla normalità.

Non posso rinunciare a dare uno sguardo tra i libri esposti e, per completare il mio acquisto, prendo al volo quello a cui più volte mi è capitato di pensare in questo periodo, "La peste" di Camus.

Con un pizzico di saggezza in più avrei potuto acquistare un solo libro e avere più occasioni di uscita per raggiungere la libreria, ma non ho saputo resistere. Vado via con una scorta di quattro. Ed ora mi domando: *"La ricerca del tempo perduto"* mi farà compagnia fino al momento in cui anch'io riuscirò a trasformarlo in *"Tempo ritrovato"*?

Magico filo!

«Questa giornata non finisce più!» Esclama Cristina, sfiorandosi le gambe indolenzite. Ancora qualche curioso dietro i vetri a guardare i capi esposti.

È ora di chiusura, ma il flusso dei turisti non accenna a diminuire. Sembrano tutti attratti dai negozietti di artigianato, pronti ad acquistare doni per amici e parenti, prima di far ritorno a casa.

Ne son passati di anni …

"Io di solito non scrivo, non fa per me. Lasciamolo fare agli altri". Cristina ricorda ancora come aveva risposto al suo nuovo medico di fiducia, che quel giorno ormai lontano si era improvvisato psicologo, suggerendole il diario come valvola di sfogo.

Ma cosa ne poteva sapere della sua vita? Doveva dirlo lui, che era ansiosa e che non dormiva per la preoccupazione? Anche il cuore impazziva ogni tanto, le servivano solo dei farmaci per tenere tutto sotto controllo, al resto avrebbe pensato lei, ma non scrivendo.

«Mamma, ho deciso, parto con Nico. Ha avuto un incarico in Germania, ma non posso portare con me Anna. Tu ce la fai, vero?» Le aveva detto pochi giorni prima Maura, la sua unica, adorata e irresponsabile figlia, sempre felice di avventurarsi nelle situazioni più disparate, contando sul sostegno di mamma.

Poteva dirle di no? Proprio quando, finalmente, la vedeva serena con il nuovo compagno, dopo una sofferta separazione? Non sarebbe stata certo lei a impedirle di sognare una nuova vita. Ma come avrebbe fatto da sola con la nipote?

Non era più la piccola curiosa che la seguiva a ogni passo con i suoi mille perché, e che nella camera delle cianfrusaglie si fermava incantata a guardarla tra gomitoli, carta, ferri e stoffe. Per lei era Nonna-Magò, capace di trasformare tutto con le sue mani.

Ormai Anna, crescendo, si era fatta conquistare dalle diavolerie moderne. Il cellulare era diventato una sua appendice naturale, insieme a una crescente smania di sentire, giocare, connettersi con un mondo che la isolava sempre più. Dodici anni. Quanta attenzione richiedevano!

Non sarebbe stato facile conciliare il proprio lavoro con il nuovo impegno di nonna a tempo pieno, ma, come diceva alle sue amiche, essere *"diversamente giovane"* significava reinventarsi, e che l'ansia le facesse pure compagnia.

È vero che un po' era abituata a cavarsela da sola, come aveva già fatto con la figlia, poiché era rimasta vedova giovanissima, ma erano altri tempi e poi ora c'era il negozio da mandare avanti, in un piccolo locale del centro.

Ce l'avrebbe fatta anche questa volta?

Sorride ora, mentre guarda il pannello tra le due vetrine: una meravigliosa foto della candida Pallina in un groviglio di fili di lana colorati. Il suo musetto simpatico le ricorda quel giorno e un altro scatto fisso solo nella sua memoria: lei e Anna che ridono felici.

Aveva promesso alla nipote un pullover ai ferri, invitandola a scegliere il filato e il colore preferito, tra quelli presenti nel negozietto. Anna l'aveva seguita portandosi la gattina in braccio, poi aveva scelto dei gomitoloni azzurri, che ben s'intonavano con i suoi capelli biondi e li aveva posati in un cestino insieme al cellulare.

«Nonna, appena torniamo a casa voglio provare anch'io ad aiutarti, farai prima ed io potrò indossarlo quando andrò da mamma a fine mese».

Cristina poteva ritenersi soddisfatta: c'era voluto un po' di tempo, ma alla fine era riuscita a far familiarizzare la nipote con la vendita dei filati, per tenerla con sé mentre era in negozio, ma, cosa ancor più importante, le aveva insegnato le tecniche del lavoro a maglia.

«Fa tanto nonna» aveva detto appena iniziato a sferruzzare, «se mi vedessero le mie amiche!»

La sciarpa che aveva indossato era stata apprezzata da tutte e, invece delle previste critiche, aveva ricevuto la richiesta di qualche video tutorial. Tempi moderni! Era proprio un divertimento aiutare la nonna, seguirla in negozio e imparare a realizzare capi utili. Peccato che lo spazio fosse alquanto ridotto, c'era posto soltanto per gli espositori di lane e cotone.

«Pallina stai buona, fammi prendere questo gomitolone...»

Nello sporgersi per prenderlo dallo scaffale, la gatta si era allontanata in fretta, era finita tra i gomitoli e ora si divertiva a scompigliarli. Non avevano fatto in tempo a riprenderla prima che si ritrovasse in quel groviglio colorato, bello soltanto da guardare. Il danno ormai era fatto e a immortalare la micia era bastato uno scatto.

Anna aveva osservato l'espressione della nonna, in attesa di una sua reazione, ma la donna aveva riso insieme a lei e per un po' avevano giocato come se i fili fossero stelle filanti. Quella foto segnò un momento importante, che allora ignoravano: la nascita di un nuovo progetto da realizzare insieme.

«Anna non c'è oggi, signora Cristina? Le avevo detto che sarei passata a ritirare gli orecchini e il cardigan. Sono pronti, vero?»

La voce della cliente che fa il suo ingresso la scuote dai ricordi.

«Certo, li ha finiti in mattinata. Ecco a lei. Se va tutto bene può portarli via, altrimenti una telefonata e vi metterete d'accordo».

«Grazie. Ma che meraviglia! Ha le mani d'oro la sua ragazza!»

Nell'andare via fa un passo indietro per dire: «Scusi. Avrei una domanda da farle. Avete deciso di chiudere questo negozio? Sulla locandina ho letto che ci sarà l'inaugurazione del laboratorio MAGICO FILO in un'altra via».

«È vero soltanto in parte. Anna seguirà le attività nell'altra sede, coordinando il lavoro delle magliaie e delle sarte, mentre io resto qui, insieme a mia figlia Maura, ad occuparmi dell'esposizione e della vendita dei capi confezionati. Se mi vuole lasciare la sua mail, la terremo informata» risponde orgogliosa nonna Cristina, fiera di essere stata una buona maestra per la *"piccola Anna"*, ormai più brava di lei a far magie con le sue mani.

È ora di andar via, finalmente! Chiude la porta parlando tra sé e sé: «Anna ha imparato da me: ferma ricordi ed emozioni col puntaspilli, nella mente e nel cuore, per poi lasciarli scivolare sui fili di lana… Anch'io però, quanto ho imparato da lei!»

«Mamma, che fai? A che punto sei con i testi per il cinema? Ne hai già scelto qualcuno?»

La voce di Maura l'aveva fatta sobbalzare, facendole sollevare lo sguardo dai fogli sparsi sulla scrivania. Si era stiracchiata un attimo, approfittando dell'interruzione. Aveva posato gli occhiali sul plico più vicino, aveva stretto la fronte tra le mani, poi era passata a massaggiarsi le tempie, come faceva di solito per i suoi mal di testa sempre più frequenti.

«Cinema? Ma no, ho soltanto letto qualcosa, ma ancora non ho espresso alcun parere. A dire la verità sono molto indecisa. Non so se ho fatto bene ad accettare di far parte della giuria».

«Ma dai, ammettilo, lo hai scelto perché ti piace. Stai sempre a parlare e scrivere di film! Figurati ora che hai l'occasione per dire la tua e scegliere un testo che potrebbe diventare un bel film o una serie tv. Che figata, ci pensi?»

«Hai ragione, Maura, forse è solo un momento di grande confusione. Troppi impegni, forse più del solito. Guarda qui».

«Wow, quanta roba! Che ci fanno tutti questi fogli, come mai non lavori direttamente al pc? Ma guarda che faccia hai. Perché non molli tutto se sei stanca?»

«Non posso smettere di lavorare, sono testi di alcuni allievi che devo incontrare domani. Sono stata io a preferire il cartaceo, questa volta. Non ti ricordi che ho fissato l'ora di ricevimento laureandi il martedì mattina?»

«Ah no, non lo ricordavo proprio. Ti lascio subito allora. Ciaoooo».

Era già fuori dallo studiolo, quando si voltò e fece ritorno.

«Ah, mami, giusto un momento, a proposito di cinema, ho letto che faranno una serie tv del tuo filmone preferito».

«Di che parli?»

«Di "Nuovo Cinema Paradiso", e di cosa se no? Non mi dire che ce n'è anche qualcun altro che ti sta tanto a cuore. Non so quante volte lo hai visto e rivisto. Come fai a non annoiarti, proprio non riesco a capirlo».

«Annoiarmi? Con i capolavori non ci si annoia mai».

«Eccola qui a difendere il suo preferito. Meno male che ci hai risparmiato le seconde, terze e infinite visioni. Grazie, grazie, a nome mio e di papà. Ora però potrai anche fare le tue maratone con la serie, appena sarà disponibile. Organizzati!»

«Non ci penso nemmeno. Sarà un vero sacrilegio trasformarlo!»

Maura si allontanò ridendo alla reazione della madre. Se l'aspettava, conoscendola, ma spesso la provocava di proposito per vedere la sua mimica facciale nell'atto di indignarsi dinanzi a ciò che non apprezzava o che la faceva infuriare. Sembrava ancora più bella, con quegli occhioni neri spalancati, il volto altero e la voce che strideva nell'infervorarsi. Di solito era svelta a riprendere il controllo, tirava su i lunghi capelli neri, li fermava con una matita e, inforcati gli occhiali, si perdeva nel suo mondo di parole, tra appunti sui fogli riciclati e file da esaminare.

Quel pomeriggio però non fu così. Sua figlia non sapeva di aver aperto, con le sue parole, l'uscio dei ricordi.

Claudia, rimasta sola, non vedeva più nulla davanti a sé, si sentiva risucchiata dalla macchina del tempo con la pellicola preferita che si riavvolgeva, facendole rivivere le scene del film da batticuore.

Una in particolare, quella di Salvatore Di Vita, Totò, ormai regista famoso, che ritorna al paese per il funerale di Alfredo, sorpreso e smarrito nel vedere la giovinetta che tanto somiglia ad Elena, la donna amata e mai dimenticata. Gli sembra che il tempo si sia fermato, ma come può essere lei, così bella e sempre giovane dopo tanti anni? È impossibile, e infatti è la figlia, come scoprirà.

Quante volte Claudia, con le pulsazioni accelerate e il cuore in gola, aveva girato la stessa scena per il suo film personale. Nella sua testa, Elena era lei e Maura la figlia. Anche lei e sua figlia si somigliavano tanto. Claudio sarebbe stato Totò adulto che dopo tanti anni ancora la cercava. La magia del cinema che diventa realtà.

Quella scena l'aveva sempre commossa fino alle lacrime. Di quel film pluripremiato amava tutto: la storia del cinema, i baci censurati, la vita nel piccolo paese, i sogni da realizzare, le rinunce, il grande amore. L'unica cosa che la disturbava era la scelta di Alfredo di assurgere al ruolo di burattinaio delle vite altrui. Certo, lo aveva fatto a fin di bene, ritenendo che fosse la cosa giusta per Totò. Nella vita accade più spesso di quanto non si creda, anche se è difficile individuare il ruolo dei veri responsabili e l'amore incontra tanti ostacoli lungo il cammino.

"Ci sono incontri importanti che regalano un fascio di luce e ti fanno entrare in una dimensione edenica. Ti sembra d'essere nel giardino segreto, tutto da esplorare, in quella dimensione del *'per sempre'*, dove alberga soltanto la felicità" pensava Claudia con lo sguardo perso e la matita tra le labbra. Erano scene che credeva d'aver tagliato e invece, eccole là, con assoluta chiarezza.

…

La scuola era già iniziata da tre settimane, ma era il primo giorno che Claudia prendeva il bus per andarci. Di solito era mattiniera e le piaceva percorrere tutto il tragitto a piedi, respirare a pieni polmoni e ascoltare musica prima di chiudersi in aula per quattro ore, ma si era svegliata tardi…

Ebbe un senso di fastidio nel notare che era già affollato, ma tanto si trattava di un breve tratto di strada. Poteva sopportarlo.

«Ehi, Claudia, anche tu?»

La voce era quella inconfondibile di Daniela, la sua nuova compagna di banco, trasferitasi recentemente lì da un altro istituto. Fu contenta di trovar compagnia, per fortuna le stava anche simpatica. Le sedeva accanto un giovane affascinante che fu lesto ad alzarsi e cederle il posto.

Galante, non c'era che dire, ma perché le tendeva la mano per presentarsi? Era Claudio, il fratello di Daniela! Una scoperta davvero interessante. Nella stretta la sua piccola mano si era persa in quella di lui e ne aveva catturato il profumo che, se chiudeva gli occhi, a distanza di anni ancora poteva sentire: una gradevole fragranza di acqua di colonia e di fumo di tabacco. Lei, sempre così critica nei confronti dei fumatori, doveva ammettere che non le era dispiaciuto per nulla, non somigliava minimamente a quel fastidioso odore che aleggiava nello studio di suo padre.

I due avevano riso alla scoperta di avere lo stesso nome. Un segno del destino? Lui aveva sorriso ponendo la domanda.

Claudia aveva rinunciato a sedersi ed erano rimasti entrambi in piedi a chiacchierare fino alla fermata successiva, ma presto se n'era pentita. Quel giovane era così alto che le costava fatica seguire le sue parole, anche se lui si chinava più volte verso di lei per facilitarle il compito. C'era però quel brusio continuo dei passeggeri… Il suo ciuffo biondo oscillava mentre parlava e lei sentiva le guance in fiamme.

Venticinque anni, un lavoro da operaio nel cantiere di uno zio, in un vicino paese e degli occhi in cui perdersi e ritrovarsi. Non le sembrava possibile, era in una bolla magica. Aveva le stelline negli occhi quando arrivò a scuola.

Com'era diverso dai ragazzini che frequentava e che ora le sembravano tutti bambini. Erano i suoi coetanei, sedici anni come lei, proprio una bella differenza d'età con Claudio.

Claudia era veramente troppo piccola, di grande aveva soltanto il cassetto in cui riponeva i propri sogni e quel bel giovanotto non era tra quelli, almeno fino a quel momento.

Quell'incontro non fu un semplice episodio, era il fratello della sua compagna e ciò aveva reso molto facile e naturale incontrarlo più volte, nonostante le restrizioni dei suoi, che non facevano certo mistero di avere per lei progetti ambiziosi.

Studiare da Daniela era l'occasione giusta per incontrarlo. All'inizio era stato tutto un po' difficile, ma poi era diventata un'abile professionista nel raccontare le mezze verità e ogni materia di studio aveva come sinonimo Claudio. Latino, italiano, greco, tutto significava stare con Claudio, ogni libro, ogni ora aveva solo un nome, quello che scriveva sui quaderni e sui libri senza alcun timore, tanto era uguale al suo e quella 'o' diventava 'a' all'istante se qualcuno andava a sbirciare.

Insieme al cinema, al luna park, a ballare, e quanta fatica e quante scuse per convincere i suoi, ma poi bastava la sua dolcezza a rassicurarli, con la puntualità nel rientrare all'ora stabilita.

Con Claudio si sentiva la principessa di un nuovo mondo. Senza alcun dubbio l'aveva proprio conquistata con le sue premure e tanti regalini: l'irrinunciabile gelato alla crema con le amarene succose da scambiarsi nei baci; i libri desiderati che ritrovava a sorpresa nello zaino; il braccialetto che le piaceva tanto… Tutto, tranne i fiori, perché non avrebbe saputo come giustificarli in famiglia.

Già, in famiglia. Mamma e papà le avevano raccomandato di non perdere di vista i propri obiettivi e di continuare a studiare per realizzare i propri sogni, sicuri che se si fosse impelagata in una relazione affettiva vi avrebbe rinunciato.

Ma cosa andavano blaterando? Per quale motivo non poteva conciliare l'Amore con la propria realizzazione? Com'erano retrogradi.

O forse no?

Lei si dedicava allo studio con la dedizione di sempre, i brillanti risultati che otteneva erano la prova che non esistevano distrazioni di sorta. Erano passati soltanto quattro mesi dal primo incontro, quando si accorse che Claudio iniziava a fare progetti per il futuro. Parlava di matrimonio, di figli, di una vita insieme. Voleva scherzare?

Certo che no. Era sicuro del loro amore. Il suo lavoro di operaio rendeva bene e poi lei, una volta diplomata, avrebbe potuto dare qualche lezione privata o dedicarsi a qualche semplice lavoretto.

Era tanto sereno nel pronunciare quelle parole, ma Claudia si sentì avvampare. Le sembrava un ragioniere che tira le somme senza alcuna difficoltà. E lei? Dov'era la sua volontà in quel progetto per due? Chi gli aveva detto che era quella la vita che desiderava? In quel castello del futuro che lui sognava con la famigliola felice e la sua principessa casalinga, lei non aveva intenzione di metter piede, non a quelle condizioni. Non ne vedeva ancora neppure le fondamenta. Certo, si sentiva legata a Claudio, pensava che fosse amore, ma non era ancora pronta per progetti così impegnativi.

«Veramente io conto di proseguire i miei studi e di frequentare l'università al nord. Ci penseremo fra qualche anno. Non sei d'accordo?» Gli disse cercando di controllare la voce, che veniva fuori con quel tono incerto e lamentoso, proprio nei momenti in cui avrebbe voluto apparire sicura di sé.

«Ma tu parli di tanti anni! Devi prima completare il liceo e mancano ancora due anni. Potremmo sposarci appena ti diplomi, potrai comunque continuare a studiare, ma almeno staremo insieme, senza vincoli di orario. Vengo dai tuoi, vedrai che capiranno».

Era diventato folle? Dai suoi? Per un fidanzamento ufficiale? Suo padre sarebbe esploso, ma questo non era il vero problema. Era lei che di fronte a quelle idee si sentiva smarrita.

Cercò di dissuaderlo, rimandando tutto alla ripresa scolastica, dopo la pausa estiva, contando sul fatto che sarebbe andata via per un lungo periodo di vacanza nella casetta di famiglia in montagna.

La sera che si incontrarono per salutarsi, era uscita con la scusa di riportare alcuni libri a Daniela, e quando lo vide si accorse presto che non era il Claudio di sempre. Era deluso, arrabbiato, la sua dolcezza era scomparsa e il suo sguardo le faceva un po' paura. Il loro era un abbraccio di addio, lo sapevano entrambi, le loro strade stavano per separarsi, il loro, forse, non era l'amore 'per sempre'.

Claudia gli voleva bene, le sarebbe piaciuto averlo incontrato in un'altra fase della vita, magari più in là nel tempo ma allora no, non poteva rinunciare ai propri sogni, voleva seguire la propria strada. Non era la ragazzina da guidare e da plasmare, avrebbe studiato per diventare la donna che voleva essere. Un giorno, forse, si sarebbero ritrovati, se lui avesse avuto pazienza.

Ma perché i suoi pensieri si erano smarriti dietro i ricordi partendo proprio da un film? Ne aveva nostalgia?

Perché era stata così determinata allora? La scuola, i suoi, la sua giovane età, la paura di veder ostacolati i propri progetti, la differenza di età tra lei e Claudio. Ma allora non era vero amore? E perché ci pensava con tanti rimpianti, attendendo il giorno dell'incontro come nel film?

«Mamma, controlla il cellulare, forse è spento. Papà ha chiamato al mio. Te lo passo?»

Maura aveva interrotto i suoi pensieri. La sua navicella spaziale era atterrata, la realtà l'attendeva.

«Cosa? Sì, ora controllo. Digli che lo richiamo subito».

Non era pronta a sentire la sua voce, doveva ammetterlo. Al suo tono, che non ammetteva mai repliche non si era mai abituata.

"Facciamo un bel respiro. Uno due tre quattro cinque sei sette otto nove dieci…"

«Ciao, Guido. Dimmi. Perché alzi la voce? No, non mi ero accorta che fosse spento. Come? Avete organizzato una rimpatriata? Sì, farò di tutto per essere pronta per quell'ora.

Chi ci sarà? Compagni di università con le rispettive mogli? Va bene, purché non si parli solo di diritto. A dopo, baci».

Bastava dire sempre *sì* per azzerare le discussioni. I propri impegni passavano in secondo piano, quando Guido decideva qualcosa. Ogni suo invito era sempre e soltanto un ordine velato di cortesia e lei questo lo aveva capito da tanto. Era la sua forza di volontà, a vacillare ogni volta.

Sarebbe stata la solita cena noiosa, tra sfarzi e ipocrisia, o semplicemente un ritorno al passato e allo spirito goliardico che l'aveva animato? Chi poteva dirlo?

Era quella, la vita che sognava da ragazza?

"Va tutto bene" si ripeteva, "sono felicemente malinconica, non saprò mai se ciò a cui ho rinunciato sarebbe stato diverso, se sarei stata più felice o no. So per certo però che non è neppure questa la vita che avrei voluto per me."

L'Amore, che aveva illuminato per un breve periodo la sua vita come un faro luminoso, non era riuscito a superare diverse barriere, tra cui quelle legate all'età e alle differenze. In fondo però Claudia sapeva che era stato soprattutto quel NOI sbandierato, ma ancora immaturo a provocare la battuta d'arresto. C'era l'IO che reclamava spazi tutti suoi rimandando al futuro i progetti di vita insieme.

Per Claudia era ormai tempo di prepararsi per la serata e di chiudere quella pellicola ideale nel mondo dei ricordi, tanto nessuno l'avrebbe portata via.

Si ritrovò davanti allo specchio a guardare la propria immagine.

Era sempre lei, ma con un pensiero che la lasciò stupita. Era forse tempo di chiudere un'altra pagina della sua vita? C'era un film tutto ancora da girare, con uno spazio da riservare a se stessa.

Scorci letterari nella quotidianità

Vitangelo Moscarda!

È a lui che penso guardandomi allo specchio. Sì, proprio a quel fantastico personaggio pirandelliano che mi ha sempre affascinato e su cui mi sono sempre soffermata con i miei alunni. Quante riflessioni, su quell'apparire agli altri in mille modi diversi.

Oggi son io la nuova Moscarda, da quando ieri, giorno di Natale, mio marito mi guarda dapprima con attenzione, poi torna ad osservarmi e infine esclama: «Hai la guancia destra rossa e gonfia».

«Non è nulla» ribatto, «la sento accaldata, ma sto bene».

«No, non è solo rossa, è gonfia, fammi vedere».

E di là tutto un insieme di sguardi, dalla parvenza di esami visivi accurati, per rilevare l'asimmetria del viso. Il che mi inquieta. Che io sia sempre stata così e lui non mi abbia mai guardata tanto a lungo da accorgersi dell'imperfezione?

I commensali nostri ospiti, per non apparire disinteressati, eccoli subito intervenire con le proprie osservazioni. C'è chi conferma l'ipotesi del coniuge e si ritrova ad assentire: «Sì, è vero, la vedo anch'io. È un po' gonfia».

E allora mi ritrovo a pensare che probabilmente il viso sarà tutto gonfio, forse il destro più del sinistro. Qualcosa mi avrà fatto male? Farmaci, alimenti, cosmetici? Quale di questi? Mi guardo ancora. Ma sono sempre stata così e nessuno ci ha mai pensato?

Andiamo alla ricerca di foto per scoprire l'arcano. Le immagini del passato potranno venirci in aiuto.

Vitangelo era sconvolto dal naso che, a detta della moglie, gli pendeva, io dallo zigomo gonfio.

Una verifica senza soluzione.

Io non sono lo zigomo, io sono quella che si ritrova nello specchio a fare le smorfie per riconoscersi, ma allora cos'è questo pizzicorino fastidioso su tutto il viso, un'allergia?

Continuerò a cercare la mia immagine nello sguardo degli altri per accertarmi della perfetta simmetria... ma già vedo una palpebra cascante e dei segni intorno all'occhio sinistro palesemente diversi dal destro. Quale simmetria?

Ma non mi sono mai guardata abbastanza neppure io?

E lui lo ha fatto per sé?

«Vedi che hai delle orribili rughe di espressione» gli dico sorridendo e la corsa allo specchio lo vede primeggiare.

Dubbi su dubbi, costruiamo incerti il nostro Sé.

Dal diario di un'inconsapevole aspirante blogger

L'avventura di un'over… tra i social

È già tutto chiaro dal titolo?

Non sto qui a raccontare quanto ho rimuginato prima di inserire i puntini di sospensione in luogo di un numero ben definito. Non ci credereste. Alla fine però ho pensato fosse giusto non far seguire ad "*over*" alcun termine di riferimento.

Benedetti prestiti linguistici! Non riusciamo a rinunciarvi, fanno tanto "*in*" e, come volevasi dimostrare, ci sono ricaduta.

Chissà poi se questi prestiti dovremo restituirli con gli interessi!

Se ci fermiamo a considerare la relatività di *over* e *under* credo siate tutti d'accordo che siamo sempre l'uno e l'altra, a qualunque età: over 50, under 60, over 60, under 70 e via di seguito. Bisogna vedere come collocarsi, cosa ci piace di più.

E mentre penso a "*più grande di, più piccolo di*", torno indietro nel tempo, sui banchi di scuola, durante le lezioni di matematica con quei simboli di maggiore < e minore > che da alunna non riuscivo mai a ricordare, nonostante le spiegazioni chiarissime dei docenti.

Forse proprio per recuperare e aiutare anche gli altri, com'è mia prassi, per spiegarlo ai bambini, ho utilizzato semplici esercizi in cui l'uccello affamato spalanca il becco per mangiare il numero maggiore, oppure quello in cui c'è l'immagine di un bambino alto lungo l'apertura > o una quantità visivamente numerosa alla sinistra. Anche le filastrocche sono un valido aiuto nell'apprendimento e con esse tutti imparano in fretta le relazioni che intercorrono tra maggiore, minore, uguale. La mia, tutta color canarino, è quella del pulcino Mino.

"Mino, il pulcino, è proprio uguale = al fratellino Rino
Minore però < di mamma gallina
Maggiore > di Lina, la sorella piccolina"

Ma lasciamo perdere questa disquisizione che mi ha già portato lontano. È vero che io ho scoperto d'essere un'over… tra gli under durante la pandemia, quando i DPCM martellanti, a ondate palesavano rischi e restrizioni per una certa fascia di over, per poi confonderci ulteriormente con nuove norme.

Devo dire che gli annunci televisivi mi hanno fatto venire i brividi, invitandomi a riflettere su un elemento che non avevo ancora preso in considerazione: l'età!

Infatti non si pensa al tempo che passa e agli anni che corrono via, fino a quando qualche evento o qualche tizio non si prende la briga di sottolinearlo. L'ho presa proprio alla larga, è vero, ma una ragione c'è e anche il richiamo al biennio pandemico è voluto, per spiegare la mia guarigione, molto graduale, dalla "a-socialità virtuale".

Qui il discorso diventa più complesso. Potrebbe essere oggetto di una pubblicazione in diverse puntate, come un feuilleton ottocentesco, ma su temi attuali.

Reale e virtuale

No, non mi sono svegliata ora dal lungo letargo per accorgermi che esistono i social. Mi preme chiarirlo, affinché non ci siano fraintendimenti dopo aver citato il feuilleton.

Mi sono tenuta sempre alla larga, perché per me esisteva soltanto il tempo legato al mondo reale, fatto di lavoro, di incontri, di scambi, di presenze. Tutt'al più, qualche telefonata quando era difficile incontrarsi e qualche messaggio per tener viva l'attenzione verso gli altri.

Lettura e scrittura poi andavano a occupare il tempo rimanente, ma la condivisione di commenti e recensioni era limitata al ristretto gruppo di care amiche.

Il mondo dei social per la maggior parte della mia vita è stato l'alieno per eccellenza, riservato a coloro i quali hanno più tempo disponibile e senz'altro più abili di me nel muoversi in rete.

Anche negli anni della pandemia, periodo in cui il virtuale ha sostituito il contatto umano e le relazioni in presenza, mentre le abitudini di gran parte di noi gradualmente andavano a modificarsi, io imperterrita restavo arroccata alle certezze del reale.

Tutto questo per dire cosa, che sono una *"no social"*?

Forse, ma solo in parte, perché se Whatsapp è un social, come lo sono i blog, c'ero già dentro anch'io.

Infatti è stato proprio leggendo alcuni commenti nel blog di una piattaforma di self publishing, che mi sono ritrovata a interagire con altre persone che si dedicano con passione alla scrittura. Ecco spiccare tra loro una personalità molto interessante, con cui avverto subito delle affinità: Sabina Camani.

Il feeling prende corpo per mezzo di una fitta corrispondenza: tante mail che potrebbero dar vita a una pubblicazione, due spaccati di vita che s'incontrano nello spazio comune di lettura, scrittura ed esperienze professionali nel mondo della scuola.

E, nel periodo delle grandi paure, a distanza, ma vicine più che mai, scriviamo insieme una fiaba dei nostri giorni, *"Una mail al giorno toglie la paura di torno"*, in cui condividiamo la nostra esperienza, sottolineando che *"nei giorni in cui è necessario imparare a stare con l'invisibile, con il rischio e con la precarietà, giorni che possono pungere e mordere, come dice la canzone "My favorite things", è importante tenere in mente le cose che si amano. E se è vero che scrivere ogni giorno toglie la paura di torno, di certo è meglio ancora se scrivendo si trova un amico."*

Parlare di libri letti, di recensioni e di racconti scritti è un punto costante nelle nostre mail, per cui lei più volte mi ripete:

"Penso proprio che ti piacerebbe molto prender parte a qualche gruppo fb su questi temi. Si affrontano tanti argomenti interessanti e potresti confrontarti con altri lettori e scrittori, ma devi valutare tu"...

Non insiste, vuole solo sollecitarmi e all'inizio non ci penso più di tanto.

Come mio solito, vado per tempi lunghi prima di prendere delle decisioni, tanto da far trascorrere più di un anno, ma la curiosità pian pianino si affaccia e l'idea di sbirciare nella rete ormai si fa strada.

Arriva il momento ufficiale dell'iscrizione. È fatta. Profilo personale, con pochi elementi informativi, cinque contatti, presentazione ad alcuni gruppi da parte della mia amica, iscrizione e... via.

Se la scelta è stata ben ponderata, l'entusiasmo che mi accompagna è come al solito cronico, travolgente, per cui lei mi consiglia prudenza, ha paura che possa venire travolta dal flusso incessante di informazioni.

«Fai finta di essere in treno, guarda dal finestrino, procedi piano» mi dice.

Io ci provo, ma più che in treno mi sembra di essere su una giostra impazzita. Sarà l'ebbrezza del nuovo, la molteplicità degli stimoli e tutto questo incredibile mondo di libri e di lettori che mi ha conquistata subito. Illustratori, autori, lettori, libri già letti, libri da leggere, recensioni meravigliose, presentazioni, interviste, ci sta veramente di tutto.

I gruppi mi sembrano tutti molto interessanti e poi mi ritrovo con una serie di notifiche che solleticano la mia curiosità e vago dall'una all'altra senza sosta: un carillon che accompagna la giornata e tra un "mi piace" qui "mi piace" là, il tempo se ne va.

Sono io che mi faccio prendere troppo? Sono caduta nella rete?

Forse, ma è soprattutto vero che io non metto il "mi piace" se prima non leggo e quindi l'operazione diventa più complessa. Ancora non so che non va così. Lo scopro quando, trovando un "like" su un mio post chiedo all'interessato cosa pensa di ciò che ho scritto, considerato il visibile apprezzamento e lui mi risponde che non lo ha letto, lo farà successivamente.

Ci resto un po' male, ma comincio a capire qualcosa.

Non parliamo poi della configurazione in inglese, "attendere prego per la configurazione in italiano…"

Mi perseguita e mi confonde, ma faccio presto ad abituarmi, da "mi piace" a "like", da "condividi" a "share", da…

a… Ci vorrebbe un'alfabetizzazione dei social, non parlo di quella informatica per la quale le basi già ci sono, parlo di lessico, di azioni mirate, di 'distinguo' tra tanti elementi che risultano completamente nuovi. Non so se esista, ma il bisogno di un supporto si avverte in tanti momenti, quando l'apprendimento per prove ed errori non approda sulle sponde desiderate.

Che faccio? Chiedo a quelli più navigati o naviganti esperti, ne sapranno più di me!

Sorpresa! Qualcuno risponde: «Ah, ma io ne faccio un uso limitato, non so dirti», oppure: «Sì, ce l'ho, ma non so come muovermi».

Allora non sono sola!

Se chiedo ai più giovani, mi snobbano un po', affermando che usano altri social e qualora decidano di dedicarmi un ritaglio del loro tempo, la spiegazione è così rapida da non starci dietro. Un tocco di dita, una magia, problema risolto, ma non so ripetere alcuna operazione! Un tutorial ci starebbe bene, ma il tempo vola e le notifiche incalzano.

Intanto mi pongo una serie di domande, mentre mi accadono le cose più impensate.

Il post! Come si fa?

Leggo recensioni e penso che di mie ne ho tante, nel pc. Posso far leggere anche le mie, perché no?

Così mi affaccio nei gruppi che le ospitano e provo con i post. Scopro che ciascuno ha le proprie regole e il rischio di sbagliare c'è sempre. Provo, riprovo, ce la faccio. Ci sono gruppi in cui l'interazione su determinati argomenti funziona, noto lo scambio di battute, ho anch'io qualcosa da dire… In generale però mi accorgo che sono innumerevoli i post interessanti, ma nessuno li guarda, non c'è mai un "mi piace", un commento, eppure gli iscritti sono tantissimi. Controllo: da quattrocento a tremila, diecimila e oltre!

Eppure mi sembra di essere da sola a spasso tra i post.

Quando non sono sola, c'è appena qualcun altro che come me apprezza e commenta. Forse funziona diversamente, mi chiedo. Sono io quella dall'entusiasmo cronico o per fb questa è la regola?

Però quando commento, gli altri rispondono volentieri, allora c'è qualcosa che mi sfugge.

Ma perché appena metto un "like" subito dopo mi ritrovo una richiesta ben precisa *"... ti ha invitato a mettere "Mi piace" alla sua Pagina. Di recente hai messo "Mi piace" a un suo post?"*

Ci sono regole che non capisco, interazioni che non colgo, ma c'è tempo, imparo.

Intanto, andare da un gruppo all'altro mi confonde, perché ritrovo gli stessi nomi e non so se abbiamo già interagito sullo stesso tema o no. Il rischio è quello di rispondere fischi per fiaschi ed entrare in una diretta, per un errore di digitazione. Oddio, che figura! È un gioco di parole? Mi vedono? Cosa dico?

Tragicomico a dir poco, con il fornello acceso e le pietanze infuocate come il mio viso per l'imbarazzo. Vorrei nascondermi, ma non so dove, come uscire da questa diretta?

E la storia continua...

I cinque contatti iniziali sono ormai in numerosa compagnia, le richieste giornaliere sono in aumento e anche se ci penso prima di accettare, poi per buona educazione approvo, soprattutto quando individuo amici ed alunni. C'è qualche nome che mi lascia perplessa e temporeggio.

Non so ancora che qualcuno ha preferito il nickname in

rete. Evviva la modernità, ma quell'Andrea Gemello? Conosco questo cognome, ma non appartiene né ad amici né ad alunni.

Passo avanti. E Giulia Koss? Carina l'immagine, mi ricorda qualcuno.

Il mio personale viaggio nei gruppi mi porta a seguirne diversi, con un ruolo abbastanza attivo, tanto da scoprire all'improvviso una tazzina accanto al mio nome! Hanno capito che amo il caffè?

E con sorpresa mi ritrovo *"collaboratrice di talento"*. Ma come avranno fatto ad accorgersene! Una rapida carriera, mentre ufficialmente accetto il ruolo di moderatrice del primo gruppo in cui ho fatto il mio ingresso.

Una sera, il 23 marzo, mentre navigo nel social, all'improvviso compare la foto di una lettera da me scritta nel 2006, dal titolo *"Quando scuola era sinonimo di casa"*, con il mio nome in blu e tanti commenti. (*TAG, questo sconosciuto!*). Sono sconcertata! Alunni, genitori, amiche ormai in luoghi lontani, sparsi per la penisola. E poi capisco chi è Giulia. Sto diventando proprio "over..." se ci ho impiegato tanto.

Anche il mistero di Andrea è presto svelato. Gemello non è il cognome, è un dato di fatto. È uno dei due gemelli che frequentava il corso C, un mio alunno!

Ma se vogliamo fermarci alle incomprensioni, l'elenco si allunga. Che dire della pen touch che appena sfiora lo schermo dà input immediati? Sgomenta, leggo che la mia amica in una conversazione su messenger mi scrive: «Anche la faccina cattiva, ora?»

Ma dov'è questa faccina, mi chiedo mortificata. Poi la trovo in un angolino. Da dove sarà mai uscita? Chissà quanti errori ho già commesso per colpa di questa penna che mi aiuta a preservare la sensibilità delle dita, ma mi fa combinare pasticci.

I contatti aumentano, gli alunni rientrano nella mia vita, lettura e scrittura non mi danno tregua, eh sì, perché ora modero un gruppo, collaboro con un altro, girovago, se riesco a trovare il tempo, alla ricerca di altri post interessanti, da leggere naturalmente, prima del like e del commento.

Ci ho preso gusto. Chi l'avrebbe mai detto!

Ma perché proprio ora mi viene in mente "L'inventore dei sogni" di Ian McEwan? Forse per la domanda che lo scrittore pone quando Peter, il ragazzino deriso, si prende la rivincita umiliando pubblicamente Barry, il prepotente, trasformandolo in un oggetto di scherno per tutta la scuola: "E adesso il prepotente chi era?"

È chiaro che non è il concetto di prepotenza, quello che qui mi interessa, quanto la capacità di comprendere come omologhiamo i nostri comportamenti senza averne consapevolezza.

Esempio pratico: un nuovo contatto si aggiunge e io subito lo invito a iscriversi ai gruppi di cui faccio parte.

Non ero io che affermavo che la stessa persona fa parte di più gruppi e non so più quando la seguo?

E i miei libri che all'improvviso pubblicizzo, come un venditore ambulante? Concorsi, sfide, conoscere e farsi conoscere. È un nuovo mondo che gira.

Mi piace una foto, scrivo dei versi, faccio il post e subito penso alle persone da taggare, alla condivisione nella storia. Ebbene sì, ho imparato presto, o quasi, il TAG, e ne faccio uso, anche se poi mi chiedo: «Cosa sto facendo?» Non è neppure un invito, mi par quasi di obbligare gli altri a prestare attenzione a ciò che faccio.

Intanto però il social è diventato incontro, ricerca, condivisione, è tutto un nuovo rincorrersi, un meraviglioso mondo fatto di persone reali su una piattaforma virtuale.

Sembra di essere in una galleria con tante vetrine. Ciascuno rende visibile ciò che vuole, sta agli altri giudicarlo bello, interessante, condivisibile.

Uno spaccato interessante sono le *"Interviste"*, un autentico regalo di incontri, emozioni e conoscenze: una galleria di presenze singolari, rappresentative del mondo dei lettori e degli scrittori, molto variegato e affascinante, ricco di idee, di motivazioni, di spunti e sollecitazioni per tutti.

L'intervista è una modalità conoscitiva da non trascurare, una miniera di buone pratiche, di esempi di vita, sogni realizzati da portare sul proprio guanciale e, perché no, da cullare nello stesso modo. I sogni aiutano i sogni.

Ho anche capito perché tanti post restano in bella mostra senza alcun cenno da parte di alcuno. Se ciascuno di noi è iscritto a tantissimi gruppi, è umanamente impossibile che possa seguire quel che avviene in ciascuno, ragion per cui quando si affaccia perché ha ricevuto la notifica, per cortesia mette il *"mi piace"*, riservandosi, forse a dopo, la lettura dello stesso, ma poi ce ne sono tante altre e se ne dimentica.

Occorre selezionare, restringere il campo, tanti purtroppo diventa sinonimo di "non so quali". Meglio pochi e di sicuro interesse, da seguire con attenzione, se possibile, dove al like faccia seguito un commento, pur breve, che dia un riscontro a chi scrive.

La mia avventura mi ha portato a questa conclusione. È vero che ci ritroviamo ad agire tutti nello stesso modo, ma la riflessione ci aiuta, dopo un poco di pratica, a migliorare il nostro approccio, non importa se siamo "under o over".

Social è per tutti, evviva la socialità!

E allora, presto, alla ricerca delle persone che non posso raggiungere col telefono.

Un tuffo nel presente alla ricerca del passato.

In rete si può.

Luci e ombre

Brillano
nella vetrina
del consenso
vite
storie
parole.
Manichini
di carta
sempre
in mostra
sulla nuova
giostra.
Maschere...
Lustrini...
Tutto
luccica
nella fiera
dell'apparire,
solo
l'emozione
scivola
silenziosa
dietro
le quinte.
Un cuore,
un bacio,
un sorriso
luce-ombra
del condiviso.

Una nonna dieci e lode

"Non si può scegliere né di diventare nonni, né di essere nipoti, perché sono sempre altri a decidere. Sono così felice che mia figlia mi abbia fatto questo bel regalo!"

Persa nei suoi pensieri, Marcella guarda con orgoglio il nipote: un bambino già pronto a diventare adulto, che dall'alto dei suoi tredici anni la stringe in un abbraccio affettuoso. Le sembra che in un battito di ciglia si sia allungato sotto i suoi occhi; non è più lui in punta di piedi a levar le braccine per stringerla, ora tocca a lei farlo per ricambiare l'abbraccio.

Se poi ripensa al periodo di *nonna in attesa*, le vien da ridere, perché in lei era avvenuto un cambiamento così radicale da sembrare una mamma in attesa al quadrato, con un'ansia incontrollata, che proprio non le era mai appartenuta.

E poi era arrivato lui, quel tenero scricciolo alla ricerca di coccole, che si rifugiava tra le sue braccia amorevoli e cicciose, un autentico dono della vita, che le avrebbe fatto vivere tanti momenti felici.

Se avesse potuto scegliere, nonna Marcella lo avrebbe voluto proprio così: bello, educato, serio, giudizioso, riservato, studioso, impegnato… «Anche troppo, forse» aggiunge. Non saprebbe quali e quante qualità ancora elencare, quando ne parla con le amiche con orgoglio e con un sorriso gioioso che illumina anche chi l'ascolta. Quei lampi magnetici che sprizza dai suoi occhi verdi rendono visibile la gioia e la soddisfazione di avere questo nipote meraviglioso.

Il suo rapporto con Giulio è singolare, proprio come lei, che conserva la vivacità sbarazzina dell'infanzia anche nella veste di nonna.

«Sei sempre così allegra quando parli di lui. Non ci sono mai stati momenti in cui non hai saputo cosa fare? Qualche piccolo inconveniente che ti abbia messo in crisi, come spesso accade quando restiamo sole con i piccini?» La sua amica Anna le ha chiesto pochi giorni prima e lei, ridendo gaia e spensierata come sempre, le ha risposto che qualche rischio il nipotino lo correva quando restava con lei, ogni volta pronta a fargli vivere nuove esperienze.

«Ma come? Nonna in arrivo, nipote in pericolo? Scherzi, vero? Cosa intendi per rischio?»

«Ma no, soltanto libertà di movimento e giochi per crescere sereni. La gioia è una medicina che si può dare senza ricetta».

Al piccolo Giulio piaceva proprio tanto l'altalena nel giardino di nonna, in ogni stagione, tra le foglie colorate d'autunno o tra i fiorellini profumati di primavera, nelle giornate di sole come in quelle più fredde dei mesi invernali. Anche il suo abbigliamento cambiava, ma per le eccessive cure di mamma si ritrovava sempre infagottato, insofferente a berretto e guanti, come a qualunque indumento che limitasse la sua voglia di muoversi.

Così, appena i suoi si preparavano per andar via, muoveva le manine in segno di saluto e già si preparava per la magica avventura.

«Ciao mamma, ciao papà. Sì, faccio il bravo, promesso» per aggiungere subito dopo: «Nonna, andiamo?»

«Pronto per *il volo*?»

Ed eccolo lì sull'altalena, con la nonna che lo spinge.

«Nonna, in alto, di più, di più!»

«Va bene. Tieniti forte Giulio, ti faccio volare».

L'ebbrezza coinvolge entrambi. Il piccolo, fiducioso e felice di giocare con quella nonna che sembra rivivere la propria spericolata infanzia di corse, giochi, sfide e ginocchia sbucciate.

Si sente sicuro, ma lo sguardo attento della nonna non è sufficiente a …

«Ahi, nonna, mi sono fatto male!» Si lamenta seduto per terra, con i lacrimoni che gli bagnano le guanciotte.

«Fammi vedere, non è niente, non piangere. Un graffietto per il mio eroe. Ora la nonna ti fa passare tutto. Vuoi vedere?»

Non è riuscita a impedirgli la caduta e qualche graffio sulle ginocchia la farà discutere con la figlia, ma per Giulio la *bua* già non esiste più se c'è la nonna vicino, basta il suo sorriso e il soffio speciale con cui disperde l'alcool per farlo guarire in fretta.

Marcella soffia più volte, mitico Eolo in gonnella, fino a non avere più fiato.

«Basta nonna. Mi fai salire di nuovo?»

«Subito Giulio. Mi raccomando, le manine al posto di comando, non mollare mai. Pronto? Via!»

Un volo più prudente questa volta, per non incorrere in nuovi rischi. Di bua ne basta una al momento, non sarà facile riferirla a sua figlia, che le raccomanda sempre la massima cautela, ogni qualvolta le affida il piccolo.

Qualche ramanzina se l'aspetta, ma non se ne preoccupa, perché considera suo compito consentire a Giulio di vivere gioiosamente tante nuove esperienze. Per Marcella la felicità è proprio in ogni scampolo di libertà rubata o tenacemente conquistata, dove il pericolo e la paura restano in un cantuccio e la nonna guarisce con la sua presenza tutti i mali, forte delle proprie certezze.

«Via libera! Pronto per il bagno?» Gli chiedeva liberandolo da maglie, canotte, pannolini, con cui la mammina premurosa pretendeva di proteggerlo in piena estate, quando era ancora più piccolo. Resta un segreto da custodire tuttora, quello del tuffo in mare della nonna con il suo "paperotto", pronto a sguazzare felice più che mai con la sua *salvavita* personale.

Quando i nipoti sono con i nonni c'è un ricambio continuo di due diverse fonti di energia e nell'incontro di gioia e saggezza i piccoli crescono e i nonni tornano bambini.

«Noi nonni dobbiamo essere guaritori-psicologi, perché le bue sono tante: un trasloco, la perdita di un oggetto, lo scherzo di un amico, un insulto e tant'altro». Marcella asserisce convinta e il suo primo sostenitore è proprio il nipote.

Se Giulio avesse potuto scegliere avrebbe voluto proprio quella nonna che la vita gli ha regalato: nonna Marcella, così semplice, così speciale, con quella vivacità da eterna ragazzina a dispetto dell'età, con quegli occhi verdi scintillanti di gioia che lo rendono allegro e sicuro.

«Nonna, a che pensi? Guarda…» la invita Giulio indicandole un foglio. Poi, con voce stentorea, imitando i suoi insegnanti, aggiunge: «L'alunno è stato licenziato con voto finale: 10 con lode…»

Un sogno da vivere

«Prof., posso venire?»

La voce di Federica supera il brusio della classe impegnata a guardare il compito di italiano appena consegnato. Ciascuno dà uno sguardo al giudizio, alle correzioni e si confronta con i compagni.

Lei mi si avvicina con il suo foglio protocollo, puntando il dito sul punto interrogativo che ho lasciato a margine per ricordarmi di chiederle un chiarimento.

«Perché questo segno? C'è qualcosa che non va?» Mi domanda.

Cerco le parole giuste per esprimere le mie perplessità.

Mentre correggevo il suo compito, in cui parlava del suo matrimonio, rispondendo alla traccia su *sogni e progetti futuri*, quando ho letto che in viaggio di nozze si godeva la crociera insieme al marito e alla figlia di tre anni, mi sono fermata a pensare.

«Che disordine» mi sono detta, «proprio lei che è sempre così precisa. Ha smarrito il senso dell'ordine cronologico?»

La mia allieva mi guarda stupita. Di cosa mi meraviglio? È quello il suo sogno: convivere con la persona amata, quella che spera di incontrare nella vita e, dopo alcuni anni di vita insieme, diventare madre e poi...

Un matrimonio da favola e il viaggio, proprio come lo ha descritto. È vero, mi sono lasciata fuorviare dallo stereotipo delle tappe per arrivare al matrimonio, senza tener conto della grande varietà di scelte che accompagnano un giorno da ricordare per sempre, per tanti il più bello della propria vita.

Eppure nella galleria della mia memoria i matrimoni si susseguono così ben assortiti, che nulla dovrebbe più meravigliarmi.

Certo si tratta di un giorno destinato agli sposi, ma le attese sono tante e ci si augura siano soddisfatte dal festoso evento.

Sono questi i pensieri che mi accompagnano mentre mi guardo intorno, appena arrivata davanti alla chiesa.

"Non indossare né bianco né nero" è il ritornello che sentiamo al momento della scelta dell'abito da indossare ai matrimoni e infatti sono stata molto attenta, ma allora perché vedo una distesa di abiti neri che occupa i banchi?

Per fortuna spiccano qua e là colori più intensi e vivaci come il rosso, il verde acqua, il bianco e nero e via via tutta la gamma, che danno un tocco di allegria. Che belli i bimbi, elegantissimi con i loro abiti da cerimonia! Qualche genitore pensa di tenerli buoni affidando loro il cellulare su cui seguire qualche cartone animato. Eppure qui avrebbero tanto da osservare, a partire dai meravigliosi fiori che lungo la navata centrale guidano il cammino fino all'altare, adorno come un roseto. Lo sposo è da tempo in trepida attesa, ed ecco che la marcia nuziale annuncia l'ingresso della sposa…

Siam tutti a guardare l'immagine dolcissima che ci regala, in quella nuvola di tulle bianco che la avvolge, mentre avanza lentamente con il suo bimbo addormentato tra le braccia. Che scena emozionante, penso guardandoli, il piccolo sta vivendo un'esperienza straordinaria di cui ora non è consapevole, ma che non potrà dimenticare, grazie a foto e filmini che sarà "costretto" a guardare nel corso della vita.

Ma ecco che la giornata ci riserva ancora tante simpatiche sorprese. La celebrazione del matrimonio ha inizio e non è la consueta cerimonia religiosa con le formule fisse. All'improvviso mi sembra di essere catapultata nell'atmosfera televisiva dei reality, che peraltro non amo. Il Grande Fratello col suo confessionale? L'isola dei famosi! Ops, dei matrimoni.

È lo stile del parroco a farmelo pensare, con le domande a sorpresa rivolte agli sposi.

È un copione studiato, per il quale sono state fatte le prove? Se questo però non è vero, mi pare naturale che la coppia provi un po' d'imbarazzo.

"Come vi siete conosciuti, cosa ti ha attratto di lui/lei, quali sono i suoi pregi/difetti... Il giorno in cui ... cosa hai provato, ecc."

Fa pensare ad una di quelle scene televisive in cui due sono chiamati a confrontarsi. Che dire! È alquanto stravagante, ma simpatico, vivace, una cerimonia insolita che viene seguita con interesse.

Anche il battesimo del piccolo viene celebrato con lo stesso animo serenamente disteso e le due cerimonie in una hanno la caratteristica della piacevole brevità che pare lasciare tutti soddisfatti.

Siamo pronti per la corsa al ristorante e, navigatore alla mano, arriviamo al luogo delle meraviglie: spazi ben curati, piscina, roseti, sale immense e soleggiate.

Tutto perfetto, se non fosse per il tour alimentare che oggi si è soliti favorire per consumare questi pasti pantagruelici. Da una sala all'altra, per ogni pasto, esterno-interno-esterno, ma pazienza. Servisse almeno ad attivare i processi digestivi!

Qualche ballo potrebbe smuovere un po' il blocco allo stomaco che obnubila la mente, ma agitarmi in pista e sen-

tirmi ridicola, oltre che satolla e intorpidita, è veramente
troppo.

Lascio le danze agli sposi con l'augurio che la loro bella
favola iniziata con "C'era una volta…" continui con "vissero
felici e contenti."

Il posto perfetto

Che buon profumo di caffè! Il mio risveglio preferito. Proprio non me l'aspettavo, considerate le premesse.

Carlo è rientrato ieri sera dopo due giorni di pausa "di riflessione".

Ha approfittato di un viaggio di lavoro per allontanarsi e, come vuol farmi credere, pensare al nostro rapporto, che da un bel po' appare sempre più incerto, nonostante tutti i miei sforzi per farlo funzionare.

Sei anni di matrimonio, nessun figlio, io nuovamente in cerca di lavoro e questo 'amore' inquinato dalle sue continue scenate. Non gli va mai bene nulla. Perché non decidere di separarsi, se non si riesce più a star bene insieme? Figuriamoci, neanche a parlarne. Il "finché morte non ci separi" non va trasgredito per nessun motivo. Che ipocrita! Anche io, però, che ingenua sono, se continuo a illudermi che tutto possa cambiare. Come sempre, un'inguaribile sognatrice!

Quest'avvio di giornata devo però ammettere che si rivela promettente. Mi piace credere che la pausa sia stata utile, anche se non penso che due giorni di sana riflessione possano riequilibrare il nostro rapporto.

Mi capita sempre più spesso di chiedermi dove sia andato a finire quell'uomo di cui mi sono perdutamente innamorata.

Carlo fin dal primo momento si è presentato come l'uomo dei miei sogni, che sprigiona sicurezza e fascino e ti fa sentire l'intero universo quando ti guarda. Mi sentivo incredibilmente fortunata: avevo trovato in lui un compagno, un'intesa perfetta e toccavo il cielo con un dito. Era l'amore della mia vita, non avevo dubbi e che fosse riuscito a conquistare la mia famiglia e le mie amicizie, non poteva che rendermi felice. La sua galanteria, la sua eleganza, le sue premure, gli venivano unanimemente riconosciute e agli occhi di tutti era un uomo senza difetti.

Questa convinzione era così radicata che quando avevo accennato a qualche mio dubbio per alcuni atteggiamenti di Carlo, che si erano palesati già durante il fidanzamento, nessuno vi aveva dato peso. Erano sporadici, è vero, ma …

Perché mi rimproverava all'improvviso e mi addossava ogni responsabilità?

Ero io troppo sensibile nel restarci di sasso? Cosa voleva? Cosa non avevo capito? Non ero una sciocca, ma mi sentivo così insicura in quei momenti.

E la mia insicurezza aumentava quando si esibiva in scenate di gelosia del tutto immotivate.

Marta, mia amica d'infanzia, con cui un giorno ero uscita a fare acquisti, fu la sola a confermare i miei dubbi: «Non mi piace, Veronica. Non può reagire così per un nonnulla. Ha qualche problema, credimi. Mi ha fatto paura».

Io no, non avevo mai avuto paura di lui, reagivo con il malumore, questo sì, ma finivo col giustificarlo. "Comprendere" era la mia filosofia di vita.

«Andiamo a fare un giro?» Carlo mi chiede mentre consumiamo la colazione, che ha ordinato al vicino bar, giusto per festeggiare il suo ritorno. Una giornata soleggiata, il cielo terso, la temperatura mite, proprio il tempo ideale per un'escursione. Pensavo che saremmo andati a visitare qualche borgo vicino, a scoprirne le bellezze artistiche e fermarci a gustare le prelibatezze del luogo, ma, a quanto pare, i suoi progetti sono diversi. Oggi, bosco!

Non che mi dispiaccia, ci sono tanti luoghi che a volte scorgiamo velocemente passando in auto e che ci piacerebbe esplorare. Forse Carlo ha individuato proprio uno di questi.

Infatti, siamo sul luogo prescelto in appena trenta minuti a velocità moderata, in compagnia delle sue canzoni preferite che azzerano ogni mio tentativo di comunicazione. Lasciamo l'auto lungo una stradina di campagna, lontana dal traffico e dalla vista di eventuali malintenzionati. Che catastrofe, se dovesse accaderle qualcosa!

Proseguiamo a piedi e in poco tempo arriviamo nei pressi della pineta, che si sviluppa su una superficie vastissima. Le strade da seguire sono tante.

Un viottolo, che costeggia un muretto di recinzione di proprietà private, collega due strade principali. A sinistra dello stesso, una barriera di cemento sembra ostruire il passaggio nel boschetto, ma Carlo oggi sembra proprio in vena di cose nuove.

«Hai visto? Non è una strada chiusa. È stata spostata da qualcuno, si può passare» mi dice invitandomi a osservare meglio il varco che si apre davanti ai nostri occhi.

Che profumo intenso! Gli arbusti e gli alberi della macchia mediterranea emanano piacevoli fragranze, ma il mio preferito è il profumo degli aghi di pino, che si sprigiona a ogni nostro passo.

È tutto così gradevole. Il contatto con la natura di solito riesce a regalarmi una sensazione di benessere e allontanare ogni preoccupazione, ma oggi mi riesce difficile. Forse è per l'incubo di questa notte, con le sensazioni spiacevoli che ancora non mi abbandonano. Rivedo il fiume che tracima ed io sola e angosciata in bilico tra acqua, fango e una parete al-

la mia sinistra, su cui provo ad arrampicarmi, prima di essere risucchiata nel buio.

Carlo cammina spedito, mi sembra abbastanza tranquillo. Sempre qualche passo davanti a me, quasi volesse seminarmi, ma so che è una sua abitudine, fatico sempre a stargli dietro.

Raccoglie qualche corbezzolo qua e là dalle piante che fanno da cornice al fitto bosco, poi, di tanto in tanto, si ferma a sbirciare tra i rami quelle voragini che si aprono all'interno, tra gli alberi secolari che hanno lasciato scoperte le radici e si appoggiano gli uni agli altri, come a volersi sostenere in quest'ultima fase della loro vita.

All'improvviso esclama, con uno strano tono di voce: «Certo, Veronica, che se abbandonano un cadavere in questo posto non lo trova più nessuno! È il luogo perfetto per nasconderlo».

Da dove gli sarà mai venuto fuori un pensiero simile, oggi, in questo luogo romantico profumato di mirto e di pini. Sarà una conseguenza delle notizie di cronaca nera, certamente.

E allora perché mai questa improvvisa sensazione di freddo? È un brivido, quello che mi scuote. I pensieri, le associazioni di idee che fanno paura…

Mi guardo intorno e penso che se accadesse qualcosa non ci sarebbe nessuno a cui chiedere aiuto. Ma cosa vado a pensare…

«Carlo, aspettami! Sai che sono un po' lumacona».

«Cerca di muoverti un po' invece, non ho voglia di stare sempre ad aspettarti. Sono stanco delle tue richieste».

Ma che gli prende? È vero che i suoi sbalzi d'umore non dovrebbero più meravigliarmi, ma non mi abituo mai. Con lui mi sembra di leggere ogni giorno "Lo strano caso del dottor Jekyll e di Mr. Hyde". Un momento è la persona più simpatica del mondo, allegra, altruista, positiva, ma mentre stai per sorridere, ti ritrovi già a piangere per i suoi scoppi d'ira.

"Non può fare sempre così", mi dico, però la mia pazienza ha la meglio e aspetto che la calma ritorni, anche perché so che è capace di cogliere qualunque pretesto, anche il più banale, per litigare. Perfino ogni singola pianta della macchia mediterranea potrebbe dargliene l'occasione!

Siamo arrivati vicino ad un'acacia, i cui rami spinosi sono avvinghiati a quelli di un altro arbusto. Qualcuno di essi tocca terra, Carlo non li vede, inciampa e comincia ad urlare. Le spine lo hanno graffiato, lacerando la sua maglia preferita, quella che indossa in queste occasioni.

«Tutta colpa tua! Passeggiata nel bosco. Guarda come mi sono ridotto».

Ma come, colpa mia, se è stato lui a voler venire qui. È fuori di testa?

È un rivolo di sangue quello che vien fuori dal braccio. Un graffio è appena visibile sulla guancia, ma il suo umore nero è preoccupante. Tempesta in arrivo.

«Dai, Carlo, non è niente, è solo un graffio. Aspetta, ti prendo un fazzoletto».

Non faccio neppure in tempo a liberarmi dallo zainetto per aprirlo, che lui lo afferra senza replicare e continua a camminare in silenzio.

La stradina prosegue tortuosa. Non riesco più a vederlo.

Penso che fra un po' sarà più tranquillo, forse gli fa bene andare avanti da solo. Non dico più nulla, a volte funziona e la sua ira sembra placarsi.

All'improvviso però…

Un dolore lancinante alla nuca e mi ritrovo a barcollare.

Sono per terra, non riesco a muovermi, vedo tutto sfocato, avverto l'odore del sangue.

Sarà stata una pigna? O forse un sasso? E Carlo, perché non è qui ad aiutarmi?

Sento i suoi passi, finalmente!

È ormai vicino, ma… Un calcio arriva improvviso, poi un altro e un altro ancora. Provo a difendermi, ma uno spintone mi fa precipitare lungo la scarpata, tra le radici divelte degli alberi, dove nessuno si addentra. Sono immersa nell'oscurità.

Che sia maledetto! Maledetto il giorno in cui l'ho incontrato. Maledetta la mia ingenuità.

Sento il sapore del sangue e fitte lancinanti al petto e alle costole. Un tronco per fortuna ha frenato la mia caduta, ma sono piena di graffi e i rovi spinosi hanno lacerato la pelle. Ho spine conficcate dappertutto. Piango per il dolore e per la rabbia. Respiro a fatica, ma provo a gridare nella speranza che qualcuno possa sentirmi.

«Aiu - to! A-iu - to!»

Silenzio assoluto. Non ho con me neppure lo zainetto col cellulare, che stupida! Carlo l'ha tenuto con sé. Ma allora aveva già pensato a tutto? Che figlio di puttana! Si può essere più idioti di me?

Ho bisogno di aiuto, non ce la posso fare da sola. Tra lacrime e fango vedo malissimo. Devo provare a risalire…

*

«Nina, stai buona, andiamo di qua. I funghetti! Li schiacci tutti. Su».

L'atmosfera magica del bosco, se non nasconde insidie, è

la mia preferita: i funghetti che sbucano tra gli aghi di pino, il muschio, il fruscio delle foglie multicolori, le bacche colorate, il canto degli uccelli, uno spettacolo che non mi stancherei mai di osservare e di fotografare, se non fosse per quelle radici solitarie che risvegliano paure mai sopite.

Accarezzo il cagnolone dei miei nuovi amici con tanto affetto, affondo le mani nel suo pelo morbido, ma la tengo stretta al guinzaglio per non ritrovarmi da sola all'improvviso. Non lo sopporterei.

Quel giorno è stata proprio lei a salvarmi, per una serie di fortunate coincidenze, come mi hanno raccontato.

Fabio e Miriam, che abitano in una splendida villa poco distante dal "luogo ideale", avevano lasciato libera Nina per il consueto giretto nei dintorni, sicuri che, come sempre, non si sarebbe allontanata.

Invece quella mattina, non si sa come e perché, per mia grande fortuna, era andata oltre e i due giovani le erano corsi dietro per riprenderla. Per via avevano incrociato un uomo, che in un evidente stato di agitazione, si allontanava in fretta, ma non vi avevano dato granché peso fino a quando…

Nina si era fermata all'improvviso abbaiando come una forsennata, i due si erano incuriositi e i miei lamenti erano giunti alle loro orecchie.

Le operazioni di soccorso erano iniziate al più presto ed ero finita in ospedale, ferita, ma salva. Soltanto le cicatrici oggi raccontano la mia storia. Io non riesco ancora a parlarne.

Provo soltanto tanta, tanta rabbia.

E Carlo?

Ha imbastito la sua storia. Ha raccontato agli agenti che era stata tutta colpa mia. Ero precipitata nello sporgermi per cogliere delle bacche e lui era corso verso l'auto per prendere una fune e aiutarmi a risalire. Fragile e inutile tentativo di farla franca.

La sua arte persuasiva questa volta non ha sortito l'effetto sperato.

Una scelta importante

«Nonna, c'è una lettera per te dall'Inghilterra! Qualche ammiratore segreto?»

«Ma no, Margot, che dici? Fammi vedere, sarà di Luisa, una mia alunna che si è trasferita a Londra».

«Ma sarà grande, ormai, e continua a scriverti?»

«Perché ti meravigli, non è certo l'unica. Ci piace raccontarci come si faceva una volta, con la classica lettera. Ci scriviamo anche mail e messaggi, se abbiamo bisogno di fare in fretta, ma per le pagine di vita da narrare, il foglio di carta è insostituibile. Abbiamo iniziato a scuola e quando è possibile proseguiamo nello stesso modo. Sapessi quanto è difficile oggigiorno trovare carta e francobolli, ma forse anche per questo diventa più interessante».

«Nonna mia, proprio non capisco come dopo tanti anni ci siano ancora ex alunni che vogliano continuare a comunicare con i loro vecchi insegnanti. Io non vedo l'ora di finire e di dimenticare tutto. Certo non mi verrà proprio di scrivere lettere a qualcuno. Voglio solo cancellare».

«Lo dici con un tono… È successo qualcosa che non so?»

«Ce l'ha con me, nonna, credimi e per una volta non dare ragione agli insegnanti solo perché lo sei stata anche tu. Tu sei diversa!»

Margot era molto agitata quel giorno e forse parlare le sarebbe servito.

«Spiegami cos'è accaduto, fammi capire perché sei arrivata a certe conclusioni. *"Questo ce l'ha con me"* è il ritornello degli studenti di ogni tempo, ma non è così, credimi».

«È la prof di italiano, ha sempre da ridire sui miei testi. *"Sono corretti, non c'è che dire, ma"* e con quel *ma* inizia la tiritera».

«E allora, cosa c'è, non rispetti la traccia?»

«Ma no, nonna. Ti ricordi quella lettera che avevo scritto al nonno? Ha avuto il coraggio di dire che non è farina del mio sacco. Ma perché non deve avere un po' di fiducia in me? Perché quando è un buon testo deve pensare che non l'abbia scritto io?»

Guardavo mia nipote così inquieta e ripensavo alla mia vita spesa tra i banchi di scuola. Quanti incontri avevano segnato il mio cammino, lasciando segni diversi ma indelebili: compagni, alunni, colleghi, insegnanti.

«Nonna, ora devi dirmi, tu sei un'ottimista convinta ed eternamente innamorata della scuola, ma sei proprio convinta che sia sempre tutto perfetto? Quando eri un'alunna la vedevi nello stesso modo?»

Non mi aveva mai rivolto quella domanda. Era arrivato il momento di raccontarle di me, con la massima sincerità.

«Margot mia, assolutamente no. Anch'io ho dei ricordi spiacevoli, e potremmo stare ore a parlarne. Se ti va di ascoltare…»

«Certo nonna, per ora non voglio fare altro».

«Dopo i tre anni di Scuola Media, tutto sommato sereni, non vedevo l'ora di ricominciare: l'Istituto Magistrale mi aspettava. Mi era sempre piaciuto studiare, ma mi sentivo tanto in ansia per quella nuova realtà, di cui ignoravo proprio tutto. La mia curiosità sarebbe stata presto soddisfatta però nel peggiore dei modi». «Mi fai stare sulle spine, dimmi…»

«La nuova scuola si rivelò per me la succursale dell'inferno! So che non sei abituata a sentirmi parlare così, ma il solo pensiero mi agita ancora.

Non riesco neppure a spiegarti come mi sentivo quando incontrai per la prima volta il professore di lettere: Orazio.

Rigido, impettito, burbero, con un ghigno al posto del sorriso e denti che brillavano d'acciaio. Ridi? Pensi che stia esagerando? Un vero cerbero! Tremavamo tutte quando entrava in classe, non sapevamo mai cosa attenderci.

Che ore interminabili! Le peggiori della mia vita. Italiano, storia, geografia, educazione civica, latino, sempre lui, per tutta la settimana. Le altre materie avevano uno spazio risicato, giusto per riprendere fiato, qualche volta.

Studiavo dalle due del pomeriggio sino a mezzanotte, ma i compiti assegnati erano talmente tanti che era umanamente impossibile poterli eseguire tutti, perciò alla fine non riuscivo a essere preparata in ogni sua materia.

I quaderni per l'epica, spessi come un sandwich, in un paio di giorni erano già da sostituire; quelli per il latino, una faticaccia quotidiana, e poi regole, regole, regole, da imparare a memoria, insieme alle solite trenta pagine di storia o di geografia per il giorno successivo, alle parafrasi e ad altri esercizi scritti o di memoria.

Tutte interrogate, sempre, non c'era via di scampo, con i due e i tre che fioccavano! A chi affermava di aver studiato la notte, ma di non esser riuscita a completare tutti i lavori, la sua laconica risposta: *"Avrebbe fatto meglio a riposare"*. Mi sembra ancora di sentire la sua voce, con quel tono ironico sottolineato da un sorriso irritante.

A chi invece diceva di aver sospeso gli esercizi perché esausta, rispondeva: *"Avrebbe dovuto continuare per tutta la notte!"* Ciò che però mi faceva infuriare sul serio era il modo in cui ci trattava: non faceva che sottolineare continuamente

la somaraggine di tutte noi, andando a controllare le suffi-
cienze risicate con cui alcune erano state ammesse e con-
cludeva, glaciale: *"Non state a scaldare banchi, cercatevi un
lavoro."*

Lo sai Margot che mi rattrista anche il solo parlarne?

Io non ero in quell'elenco di *bersagliate*, ma le mie certezze di allieva ormai vacillavano e lui stava per schiacciare
anche i miei sogni nel cassetto».

«Nonna, perché non mi hai mai raccontato nulla?»

«Non c'è stata occasione e poi risale a così tanto tempo
fa. Abbiamo sempre altro da dirci. Ma per riprendere il discorso, devo dirti che per fortuna avevo ormai superato il
primo anno e nel secondo mi attendeva il nuovo professore
di lettere, Luigi, *il mio maestro di vita,* tutta un'altra storia.
Una presenza positiva dal primo momento: carismatico, im-
ponente, col suo incedere pensoso e un carico di umanità tale
da dispensarlo a tutti.

Ci affascinava con la letteratura, le sue erano autentiche
lezioni di vita. Mazzini, Foscolo, Dante, Manzoni e via via
tutti gli altri, diventavano le nostre stelle nel firmamento. Le
sue parole erano così persuasive, che seguivamo Dante nel-
l'esilio rivivendone la sofferenza, mentre ci facevamo carico
anche delle sue invettive contro i nemici. Cultura viva, passione, empatia, umanità, non serve aggiungere altro per parlare di un prof *"bravo maestro"*.

E come apprezzava i nostri testi! Quando ci suggerì di
scrivere pagine di diario, da tenere per noi o leggere insieme,
all'inizio non fummo molto entusiaste, ma grazie a lui abbiamo scoperto il piacere di liberare i nostri pensieri e di co-
municarli, quando e a chi vogliamo.

"Voi siete figlie di gente semplice" ci diceva per spro-

narci, *"in questo mondo, dove la corsa alle raccomandazioni la fa da padrona, voi non avete nessun santo. Dovete solo studiare. Sarà quello il vostro biglietto d'ingresso."*

Gli ho creduto ed è stato così. Sono contenta di averlo conosciuto. Gli devo tanto. È lui il modello di docente a cui mi sono ispirata.»

«Due insegnanti completamente diversi! Accidenti, che roba».

«Come vedi, Margot, stiamo parlando degli anni settanta e di due esperienze indimenticabili. Sono certa di avere imparato da entrambe qualcosa di utile.

Sai quante volte negli anni mi sono chiesta perché il primo professore di lettere agisse in quel modo? Come mio solito, ho cercato di giustificarlo e di riconoscere che avrà avuto di sicuro le sue buone ragioni, facendo appello al rigore e al metodo, convinto di poter insegnare *"tanto"* alle allieve figlie della classe operaia. Io però credo molto nell'amore e nella dolcezza, per apprezzare il suo stile e sono convinta che *da alcuni apprendiamo a essere, da altri ciò che non vogliamo essere*».

«Grazie, nonna. Ora mi sembra di essermi lagnata per nulla. Penso già al modo per dimostrare alla mia prof che è tutta farina del mio sacco. Le porterò il quadernetto dove raccolgo tutti i miei scritti. Capirà».

«Signora, mi dispiace, ci rinuncio. Corro il rischio di farle male. Provate voi a convincerla».

Scarmigliata e paonazza, con la siringa ancora in mano, Margherita guardava i segni che la piccola peste le aveva lasciato sulle braccia e sul viso. Sembrava appena fuggita via dalla gabbia dei leoni, eppure di esperienza ne aveva tanta! Era una stimata infermiera e se la cavava egregiamente con piccoli e grandi, ma non era pronta a fare la domatrice.

La paura delle punture provocava reazioni di ogni tipo, perciò, quando aveva letto il terrore negli occhi della piccola, aveva usato tutte le armi di persuasione a sua disposizione, che su Teresa però non avevano sortito alcun effetto.

C'era da dire che anche i genitori come aiutanti non erano stati all'altezza del compito, altrimenti non si sarebbe ritrovata piena di graffi.

Margherita non aveva nessuna intenzione di riprovarci, le bastava sentire a distanza gli strilli e i pianti, per decidere che la soluzione spettava ad altri.

«Voglio la nonna! Mamma, chiama la nonna, per favoreeee!» gridava la piccola in lacrime. Le treccine disfatte le incorniciavano, con tante piccole onde, il visetto un po' sbilenco.

Nonna Tetti però era lontana, fuori città, in casa della figlia Mirella, perché i gemellini erano raffreddati. Era proprio come la nonna di quella canzone che cantava ai nipotini quando le figlie la chiamavano in soccorso all'improvviso. *"Soltanto nonna ni nonnina nonnerà…"* ripeteva felice il ritornello, rassicurando tutti con la sua presenza e con la sua sconfinata pazienza.

«Non ti preoccupare, ora telefoniamo. Se i cuginetti sono guariti vedrai che nonna ci raggiungerà presto».

Teresa l'avrebbe voluta sempre tutta e solo per sé: era sua, la nonna Tetti, e questo era vero per gran parte dell'anno.

Era così felice quando poteva fermarsi da lei intere giornate! Il tempo del gioco non finiva mai, perché tutto si trasformava in un piacevole divertimento. Pentole e bucato, cucina e cucito, incombenze di ordinaria quotidianità, diventavano momenti da grandi, sbriciolati in sequenze per piccoli, accompagnati dal dialogo continuo tra nonna e nipote. In quel raccontarsi e offrire ogni chiarimento richiesto, si costruiva il ponte per unire due generazioni così distanti tra loro.

Nei suoi disegni la nonna, tra i soggetti preferiti, appariva con un viso a forma di sole e un sorriso che si allargava nel cerchio rosa fino a toccare gli occhi neri spalancati. Nell'ultimo aveva aggiunto con i pennarelli in stampatello "NONNA TETTI", quasi a dimostrare che era già pronta a fare i conti con la scrittura, anche se era ancora presto per il suo ingresso a scuola.

Ma perché proprio ora che ne aveva tanto bisogno lei non c'era? Quei guastafeste dei cuginetti!

«Vieni, nonna ti vuole parlare» le disse la madre passandole il telefono.

Tra un singhiozzo e un sorriso la conversazione si concluse con un «Va bene nonna, vieni presto però».

Il giorno dopo era lì da loro, con la sua capiente borsa alla Mary Poppins.

«Nonna, nonna! Evviva, la nonna è tornata!»

Mentre parlava si vedeva chiaramente che il suo visetto era un po' strano, come diviso in due parti asimmetriche.

Nonna la guardò con tenerezza, l'abbracciò forte e le sfiorò il viso. Conosceva bene quei segni, poiché anche lei in passato aveva avuto un'emiparesi.

«Piccola mia, come stai? Sono venuta subito. So che la signora Margherita è andata via così dispiaciuta. Ora tocca a noi due fare una piccola magia per farti diventare ancora più bella».

«Nonna, le punture no, mi fanno male».

«Amore mio, sono come un pizzicotto. Della puntura non aver paura perché presto ti cura. Vieni con me, andiamo a gonfiare i palloncini. Guarda quanti. Scegli i colori che vuoi, riempiamo tutta la stanza».

«Io voglio il giallo e il rosso. Soffio?»

«Manda dentro tutta l'aria. Fai così, come me, ecco brava. Ancora, ancora. Basta. Già stanca? Non possiamo gonfiarli tutti così. Ho portato questa».

«Una grossa siringa per i palloncini?»

«È vero, un po' somiglia. Guarda come facciamo in fretta. Passami quello azzurro, ti faccio vedere. Dammi anche quello bianco, sì, e poi l'altro…»

«Che belli, nonna!» Disse infine Teresa, ritrovandosi sommersa da una distesa di colori.

«Nonna, la puntura un altro giorno però, me lo prometti?» «Piccola mia, non possiamo rimandare, devi guarire presto. Mi aiuti a preparare la medicina, per favore? Mi passi quel pacchettino? Brava. Grazie» Tra chiacchiere e sorrisi, pian piano nonna Tetti metteva in bella vista sul tavolo tutto l'occorrente, coinvolgendo la piccola, che ora seguiva imbronciata ogni operazione.

«Guarda cosa fa la tua nonnina. Vedi? È vero, avevi ragione. Lo stantuffo della siringa è proprio come quello della pompa dei palloncini, però molto più piccolo. Quello è servito a far entrare l'aria, questo prende il medicinale dalla fialetta… lo aspiro… e poi, quando tu sarai pronta, mi aiuterà a farlo uscire. Spingo un po' e viene fuori. Hai visto?»

«Aspetta, nonna, giuri di non farmi male?»

«Prima cantiamo insieme una bella canzoncina, poi ti faccio la punturina con le mani da fatina, un bel massaggino e "pic", presto sarà tutto finito».

«E i palloncini?»

«Se vuoi puoi fare l'infermiera. Una puntura ciascuno…»

La magia stava per compiersi, Teresa aveva fiducia nella nonna, cominciò a canticchiare con lei, mentre la massaggiava col batuffolo di cotone. Un attimo ed era tutto finito!

Con la lacrimuccia sospesa poteva divertirsi a fare l'infermiera, pungendo tutti i palloncini colorati.

Memoria di un dono
Riti e scelte di vita

«Nonna, mi prendi in braccio? La voglio vedere. Com'è bella! Ci guarda?»

Il piccolo Federico sta per dare avvio alla consueta raffica di domande, guardando incantato la statua, ma nonna Gina lo zittisce con lo sguardo e poi sottovoce aggiunge: «Stai buono, ora. Poi ti racconto».

Sono davanti all'altare dell'Immacolata dove, con le mani giunte e il suo bel manto celeste, spicca tra luci, fiori e preghiere, la Madonnina dal tenero sguardo.

È tempo di novena e ancora per un po' la statua resterà in bella vista, fino al giorno della solennità dell'Immacolata Concezione, per poi tornare nella vetrina che la preserva dall'usura del tempo.

La mano dell'artista ha reso mirabilmente la Vergine Maria, piena di grazia e Immacolata fin dalla concezione, che custodisce nel grembo la vita. È una donna che prega e il suo sguardo è già preludio all'incontro col divino.

È bellissima; che sia di gesso, cartapesta, legno o ceramica, poco importa. Custodisce da tempo immemore promesse, impegni, voti, e tante mute preghiere di fedeli disperati che in Lei hanno cercato rifugio.

La sua è una bella storia, che attraversa il tempo e dalla fine dell'Ottocento arriva fino ai nostri giorni. Tramandata da una famiglia a un'altra, come spesso accade ai frutti della tradizione orale, si deposita nella memoria collettiva in frammenti colorati di incertezza. A raccontare la storia della statua fortemente voluta da Concetta De Dominicis è stata,

in un'intervista, la nipote novantenne, Vituccia Rollo, con una voce squillante, a dispetto dello sguardo che si perde nel tempo e nello spazio. Alcuni ricordi affiorano alla sua mente e pochi tratti della vita e della figura dell'antenata vengono delineati con chiarezza, insieme ai nomi delle donne destinatarie di quel lascito di affetti e premurose cure da riservare sempre con devozione alla statua.

«Zia Concetta, zia della nonna Maria, era una ragazza molto bella e aveva tanti corteggiatori, che non le davano tregua. I genitori avrebbero voluto per lei un buon matrimonio con qualche buon partito, ma lei non voleva fidanzarsi. Era una giovane pia, devota alla chiesa, in particolare a Calvario, allora accanto alla Chiesa».

Poche parole per presentare una pia donna di fine Ottocento, soprannominata Brilli, perché con lei ogni cosa brillava di una luce speciale.

Nella sua testimonianza, i nomi di donne si snodano come i grani del rosario: Concetta, Oronza, Maria, Vituccia, Gina. Nomi di donne e di generazioni che si alternano, madri, nonne, figlie, nipoti. Il nome di ciascuna segna un periodo storico differente, ma tutte sono accomunate dalla fede e dalla devozione, gelose custodi di un'eredità affettiva-spirituale da tramandare nel tempo.

«Concetta si prendeva cura della lampada a olio che doveva ardere notte e giorno. E quando c'era vento, di buon mattino si alzava per andare a controllare che la fiamma non si spegnesse. Quando l'olio di sua produzione finiva, andava a chiederlo ai compaesani che potevano fornirlo. Tutti erano contenti di essere d'aiuto».

L'immagine di Concetta che si prende cura della lampada fa pensare subito alla parabola delle dieci vergini

(Matteo 25,1-13). Lei, come le cinque sagge, che insieme alle lampade prendono anche l'olio di riserva, affinché queste non si spengano, non è superficiale, guarda oltre il momento presente, consapevole che la chiamata di Dio può avvenire in qualunque momento. *"Vegliate, dunque, perché non sapete né il giorno né l'ora".*

"La lampada è il simbolo della fede che illumina la nostra vita, mentre l'olio è il simbolo della carità che alimenta, rende feconda e credibile la luce della fede. La fede ispira la carità e la carità custodisce la fede." (Angelus, 12 novembre 2017, Papa Francesco)

«Le insistenze per farla sposare erano continue, perciò lei manifestò il proprio rifiuto rifugiandosi a Lecce in un convento di suore. Successivamente fu un sacerdote a convincerla a far ritorno in famiglia e Concetta acconsentì solo a patto di poter scegliere cosa fare della propria vita».

Il suo cammino di fede non avrebbe conosciuto altri ostacoli.

«In quel periodo in convento si sussurrava dell'apparizione della Vergine Maria che aveva detto "Io sono l'Immacolata" e quando lì dalle suore arrivò una statua della Madonna, un'autentica novità, Concetta se ne innamorò e volle ordinarne a Venezia una per sé. Poiché non le bastavano i denari, chiese aiuto a tutte le persone devote come o più di lei. Appena la bellissima statua arrivò, la portò a Cavallino e la donò alla chiesa».

La signora Vituccia continua a fornire particolari interessanti e anche se non abbiamo precisi riferimenti temporali, sappiamo che il periodo di cui si parla è quello in cui Papa Pio IX proclama il dogma dell'Immacolata Concezione (8-12-1854). Quattro anni dopo avvengono le apparizioni di

Lourdes. È allora infatti che la Madonna si presenta con le parole *"Io sono l'Immacolata Concezione"* a Bernadette Soubiros.

Le parole dell'anziana testimone sono confermate dalla storia. Il suo racconto continua, mettendo in evidenza le opere buone della giovane Concetta, il suo servizio al prossimo in difficoltà: *«Era una donna caritatevole. Nel periodo della Madonna Immacolata si dedicava ai poveri, ogni venerdì ne ospitava uno, prendendosene cura. Nel periodo dei morti, per un'intera settimana ne ospitava tre, e cucinava per loro».*

L'intervista prosegue con poche altre informazioni sulla statua nel tempo e sull'antenata.

«La zia Concetta era sorella del Capitano Black, zio della nonna Maria. Alla sua morte hanno provveduto alla statua prima la nonna Oronza, sorella di Concetta, poi la nonna Maria (mia madre), poi è toccato a me.

La statua è stata restaurata due volte: alla prima ci ha pensato mia madre, la seconda volta ho potuto provvedere io con l'aiuto dei miei fratelli. Chi prende in consegna la statua deve prendersene cura; non devono mai mancare i fiori. Ora tocca a mia nipote Gina questa eredità».

Scopriamo così che la statua ha avuto bisogno di vari ritocchi che nel tempo hanno modificato l'aspetto originale. Più volte ridipinta, ha perso l'iniziale manto blu e le stelle in foglia oro, per far posto ad altre dorate su uno sfondo azzurro. Sul capo ha alcuni fori per l'applicazione dello stellario, che in origine era di metallo. Le interviste talvolta sono una corsa contro il tempo, nel tentativo di salvare i ricordi dalla viva voce di testimoni affidabili. Questa regala immagini vive del passato e consente di comprendere il significato di azioni e scelte, di vite chiamate a servire il Signore.

Non è semplicemente la storia di una statua, ma di un grande amore per Maria, punto di riferimento dei credenti e modello di credente.

Nonna Gina ripensa alle parole di Zia Vituccia, mentre guarda il piccolo Federico, che intanto con le manine giunte prega la bella Madonnina. Per lui dovrà trovare le parole adatte a narrargli questa storia di fede, di affetti e tradizioni familiari, come una bella fiaba che lega passato, presente e futuro.

Appendice

La cummare Furmiculicchia

Come ricordo il racconto di nonna e mamma…

'Nnc'era 'nna fiata 'na cummare Furmiculicchia, ca stia a casa e pulizzà an' terra.

Scupa scupa, scupa e scupa e troa nu sordu. Scupa scupa, scupa e scupa e troa n'autru sordu. Se li minte an' pauta e continua a scupare e nu buei ca acchia n'autru sordu ancora?

Allora se ferma e dice:

"Cce me ccattu, cce me ccattu. Me 'nde ccattu caramelle? No no, poi me fannu male li tienti e me chiamano puru cannaruta. Cce me ccattu, cce me ccattu, na beddra collana? No no, cce me ndaggiu fare, megghiu me ccattu 'na esta, cussí me 'nfacciu alla fenescia, ogghiu bisciu se trou finalmente maritu!"

E cussí fice.

Se mise la esta noa, do nastrini a 'ncapu e se ssettau alla fenescia.

Passau te ddhrai lu cumpare Cane.

- Cummare Furmiculicchia, ta misa alla fenescia?

- Sì, ca m'aggiu mmaritare.

- Me vuei a mmie pe' maritu?

- E tie, alla notte, comu faci?

- Bbau! Bbau! Bbau!

- No, no, pe carità, me faci mpaurare. Abbande abbande.

Dopu nu picca passau lu cumpare Ciucciu.

- Cummare Furmiculicchia, ta misa alla fenescia?

- Sì, m'aggiu mmaritare!

- A mmie me vuei pe' maritu?

- E tie, alla notte, comu faci?
- Ihh Ohh Ihh Ohh!
- No, no, pe' carità, me faci mpaurare. Abbande abbande.
Dopu n'autru picca passau lu cumpare Addhru.
- Cummare Furmiculicchia, ta misa alla fenescia?
- Sì, m'aggiu mmaritare!
- Me vuei a mmie pe' maritu?
- E tie, alla notte, comu faci?
- Chicchirichiiiii!
- No, no, pe' carità, me faci mpaurare. Abbande abbande.

Alla fine nnanzi alla fenescia te la cummare Furmiculic-
chia passau lu cumpare Surgicchiu.
- Cara cummare Furmiculicchia, ta misa alla fenescia?
- Sì, m'aggiu mmaritare!
- Me vuei a mmie pe' maritu?
- E tie, alla notte, comu faci?
- Zziu! Zziu! Zziu!
- Sì, sì, te ogghiu, ca me faci durmire!
Cussì la cummare Furmiculicchia e lu cumpare Surgic-
chiu se spusara.

Na tumineca matina, la cummare Furmiculicchia prima cu
bbae alla chiesa mise subbra lu fuecu na pignata, cu cucina
lu pranzu.
Quandu stianu alla chiesa la cummare Furmiculicchia se
recurdau ca ia lassata la pignata subbra allu fuecu e disse allu
cumpare Surgicchiu:
- Maritu miu, m'aggiu scerrata la pignata sullu fuecu. Ane
a casa, stuta e poi torna.

Lu cumpare Surgicchiu sciu a casa, 'ntise la ndore de cucenatu, se vvicinau alla pignata cu spia e catiu intru.

La mugghiere spetta spetta, spetta spetta, idde ca nu torna e sciu a casa. 'Ncignau a chiamare:

- Surgicchiu! Surgicchiu!

Ma lu Surgicchiu nu respundia.

Quandu speau intra 'lla pignata idde lu poveru Surgicchiu e chiangendu ritau:

"Surgicchiu miu surgicchiu,
cuettu cuettu a pignaticchiu,
ssuppatu alla pezzuddhra
e menatu all'imbruscicchiu"

Codice QR per ascoltare
"Cummari Furmiculicchia" dalla
voce dell'autrice in vernacolo.

La comare Formichina

Traduzione in italiano

La comare Formichina

C'era una volta una comare Formichina nella sua casa a pulire per terra.

Scopa scopa, scopa e scopa e trova un soldo. Scopa scopa, scopa e scopa, e trova un altro soldo. Se li mette in tasca e continua a scopare e non vuoi che trova un altro soldo ancora?

Allora si ferma e dice:

Cosa mi compro, cosa mi compro. Compro caramelle? No, no, poi mi fanno male i denti e mi chiamano golosa. Cosa mi compro, una bella collana? No, no, cosa ne devo fare, meglio comprarmi un vestito, così mi affaccio alla finestra, voglio vedere se trovo finalmente marito!

E così fece.

Indossò il vestito nuovo, due nastrini in testa e si sedette alla finestra.

Passò di là compare Cane.

- Comare Formichina, ti sei messa alla finestra?

- Sì, mi voglio maritare.

- Vuoi me per marito?

- E tu la notte come fai?

- Bau! Bau! Bau!

- No, no, per carità, mi fai spaventare. Vai via, vai via.

Dopo un poco passò di là il compare Asino.

- Comare Formichina ti sei messa alla finestra?

- Sì, mi voglio maritare.

- Vuoi me per marito?

- E tu la notte come fai?

- Ihh Ohh Ihh Ohh!

- No, no, per carità, mi fai spaventare. Vai via, vai via.

Dopo un altro po' passò il compare Gallo.

- Comare Formichina ti sei messa alla finestra?

- Sì, mi voglio maritare.

- Vuoi me per marito?

- E tu la notte come fai?

- Chicchirichiiiii!

- No, no, per carità, mi fai spaventare. Vai via, vai via.

Alla fine davanti alla finestra della comare Formichina passò il compare Topolino.

- Comare Formichina ti sei messa alla finestra?

- Sì, mi voglio maritare.

- Vuoi me per marito?

- E tu la notte come fai?

- Zziu! Zziu! Zziu!

- Sì, sì, ti voglio, mi fai dormire!

Così la comare Formichina e il compare Topolino si sposarono.

Una domenica mattina, la comare Formichina, prima di andare in chiesa, mise sul fuoco la pentola per cucinare il pranzo.

Quando erano in chiesa la comare Formichina si ricordò d'aver lasciato la pentola sul fuoco e disse al compare Topolino:

- Marito mio, ho dimenticato la pentola sul fuoco. Vai a casa, spegni e ritorna.

Il compare Topolino andò a casa, senti l'odore della minestra si avvicinò alla pentola per spiare e cadde dentro.

La moglie aspettò per un po', poi aspettò ancora ma quando vide che non tornava andò a casa e iniziò a chiamare:

- Topolino! Topolino!

Ma il Topolino non rispondeva.

Quando spiò nella pentola vide il povero Topolino e piangendo gridò:

"Surgicchiu miu surgicchiu,
cuettu cuettu a pignaticchiu,
ssuppatu alla pezzuddhra
e menatu all'imbruscicchiu"

N.d.A. Mi riesce difficile tradurre quest'ultima parte, la preferisco così. Questo ritornello da bambini ci coglieva di sorpresa e tra lo spavento e le risate pensavamo al povero Topolino cotto e bagnato come uno strofinaccio che andava a finire sul prato.

Codice QR per ascoltare
"Cummari Furmiculicchia"
dalla voce dell'autrice

Biografia Maria Teresa Lezzi Fiorentino

Maria Teresa Lezzi Fiorentino vive a Lecce, sua città natale, coltivando da sempre due grandi passioni, lettura e scrittura, che condivide con grande entusiasmo con tutti coloro che entrano a far parte del suo mondo.

Il fulcro intorno a cui hanno ruotato nel tempo i suoi scritti, articoli e recensioni, è stato per lungo tempo l'assetto metodologico-didattico, con un'attenzione particolare alla sfera emozionale e al benessere degli alunni.

Dopo un appassionante percorso professionale in varie scuole del Salento, che ha visto l'autrice insegnante di scuola materna, psicopedagogista e docente di materie letterarie, nel 2018 avviene la svolta ed inizia una nuova stagione della vita in cui la scrittura privilegia la narrazione, partendo dalla quotidianità e dalla memoria del tempo vissuto.

È tempo di racconti brevi, lettere, autobiografie e recensioni.

Attualmente è blogger per "Il mondo incantato dei libri".

Pubblicazioni e partecipazioni letterarie.

- Di vita in vita
- La via maestra
- Spigolando tra i ricordi

- Passo dopo passo … e altri racconti
- Quella linea sottile …
- Paporso, un amico speciale
- Regina di Maggio – Beltane per la pace
- Il velo sulla soglia
- Nuestra Obra De Mayo
- Scrittura evolutiva - Il cerchio creativo di Aurea Nox
  Manuale di sopravvivenza per gruppi di creativi

Ringraziamenti

GRAZIE!

A Chi?

A tutti voi che ora avete tra le mani questo libro. Sono Battiti d'inchiostro che continueranno a pulsare grazie alla vostra lettura.

Nessuna pagina continuerebbe a vivere senza di voi.

Grazie a chi mi sostiene in questo fantastico percorso pulsante di nuove emozioni, a chi ha ispirato i miei battiti, a chi ci ha creduto e ha dato loro una veste editoriale.

Un ringraziamento speciale alla famiglia Rollo di Cavallino (Lecce) che mi ha affidato la sua testimonianza di vita, a cui mi sono liberamente ispirata nel racconto "Memoria di un dono. Riti e scelte di vita."

Grazie AUREA NOX.

Grazie GRAZIA VELVET CAPONE

Maria Teresa Lezzi Fiorentino

Sommario

IL PROGETTO ETICO DI AUREA NOX

AUREA NOX è un progetto etico collettivo nato in rete nel Maggio 2021 da un'idea di Grazia Velvet Capone che ha ideato e realizzato anche tutte le elaborazioni grafiche. Il nostro comune Ispiratore è stato ed è Franco Battiato, musicista e maestro. Le energie creative del gruppo confluiscono nella collana-esperimento evolutivo chiamata **AVALON - Terra Sacra**: un luogo letterario dove gli autori si confrontano con un tema comune. È nata così l'idea di creare una pubblicazione ritmica, legata alla ruota dell'anno, adatta a tramandare forme-pensiero di profonda e assoluta ricerca evolutiva. Una virtuale unione di intenti.

Un Seme che diventi Quercia.

Di seguito ecco le altre collane editoriali

- **BEE BOOK SII UN LIBRO - Collana per bambini**

- **SEVEN DOORS - Sviluppo spirituale**

- **BREVIS - Saggi e Racconti brevi**

- **LYRA – Poesia**

- **HELOQUENCE - Diari, Romanzi, Manuali**

- **TRIBAL - Viaggi, Magia, Territori**

- **AUREA MAGISTRA - Percorsi storici**

- **DIAMANTI AUREI – Poesia**

- **CUORE INDIeGENO** – Lingue minori, etnie

- **BIOlive** - Testimonianze dal vivo

- **ZŐON** – Amici Animali

- **AUREACOMICS** – Storie illustrate

Un sentito ringraziamento al direttivo del Progetto e ai vari gruppi di lavoro dedicati, che hanno profuso le loro preziose energie a beneficio della nostra comunità di Autori e di una magnifica Idea Viaggiante

Per contatti, richieste e collaborazioni:

 Mail: aureanox@libero.it

Gruppo Facebook Aurea Nox Casa Editrice